LA SEDUCTION SPIRITUELLE

Tome 2

Jézabel et la séduction spirituelle

Douglas KIONGEKA

LA SEDUCTION SPIRITUELLE

Tome 2

Jézabel et la séduction spirituelle

Douglas KIONGEKA

Edité par *God Savior Publishing* avec l'appui technique
d'ALCH Management LLC, Dallas, USA

God Savior Publishing est le service Media et Publication de
God Savior Ministries International, Bedford, Texas/USA

Email : contact@ericimpion.com
http//:www.ericimpion.com

First Edition : Mai 2018
ISBN-13 : 9782490134007
ISBN-10 : 2490134000

Imprimé en France

TABLE DES MATIERES

DEDICACE

Ce livre est affectueusement dédié à mon Dieu, Sauveur et Seigneur Jésus-Christ. C'est de Lui, par Lui et pour Lui que sont toutes choses.

À ma très chère et tendre épouse Lydie Kiongeka pour tout son soutien affectif, moral, spirituel. À mes enfants : Elya, Péniel et Nathan Kiongeka, les cadeaux de Dieu que je chéris ! Ils ont su se mêler de mes joies et larmes parfois, afin par notre canal la Parole de Dieu affecte de milliers de personnes dans le monde.

À mes parents, Jacques Mundele Beya et Martine Lusele Ngandu, qui m'ont engendré, éduqué et instruit afin que je devienne ce que je suis aujourd'hui.

À mon père spirituel, le Pasteur Israël N'sembe Loyela, à tous mes mentors dans la foi et le ministère, à tous mes amis, collaborateurs et compagnons d'œuvre, sans oublier tous les lecteurs, je dédie ce précieux ouvrage !

Puisses Dieu vous combler de ses abondantes grâces au nom de Jésus-Christ !

PRÉFACE

Le Pasteur Douglas Kiongeka est une personne pour qui j'ai beaucoup de respect et d'admiration. C'est un homme de Dieu sérieux, passionné et soucieux de l'avancement du royaume de Dieu.

Ce livre traite d'un sujet important qui constitue un des signes du temps de la fin. La séduction spirituelle est une étude riche basée sur la personne de Jézabel.

La lecture de ce livre ne vous permettra pas seulement de découvrir ce qu'est cet esprit, mais à comprendre ses modes opératoires, et surtout comment le combattre et se mettre à l'abri contre lui.

Dans cette attente du retour de notre Seigneur, chacun doit ainsi veiller, enfin que personne ne le séduise.

Vous avez entre vos mains plus qu'un livre, un outil qui vous permettra de déceler et de combattre l'esprit de séduction sous toutes ses formes.

Pasteur Noela LUMANDE

Église Parole du Salut - France

PARTIE 1 : L'ESPRIT DE JÉZABEL

CHAPITRE 1
LA FEMME JEZABEL

Selon l'histoire juive, Jézabel était la fille d'Ethbaal, roi de Sidon. Elle épousa Achab, roi d'Israël. Elle avait un caractère dominant et était une femme forte de caractère et très déterminée.

Fervente adoratrice du dieu Baal, dieu de la pluie et de la prospérité, elle imposa le culte de ses idoles au peuple d'Israël et tenta de tuer tous les prophètes de Dieu :

«Achab, fils d'Omri, fit ce qui est mal aux yeux de l'Éternel, plus que tous ceux qui avaient été avant lui. Comme si cela avait été trop peu pour lui de se livrer aux péchés de Jéroboam, fils de Nebath : il prit pour femme Jézabel, fille d'Éthbaal, roi des Sidoniens, et il alla rendre un culte à Baal et se prosterner devant lui» (1 Rois 16:30-31).

L'antique Sidon était l'une des plus vieilles villes de la côte phénicienne. Elle fut la capitale du royaume cananéen vers XVème siècle avant Jésus-Christ.

La ville de Sidon était le fief du culte de Baal. Sidon était le fils premier-né de Canaan, fils de Cham qui fut maudit par Noé (Genèse 9:25 ; Genèse 10:15,19). Sidon reçut la double portion de la malédiction de Canaan parce qu'il était le fils premier-né : *«Canaan engendra Sidon, son premier-né ... »* (1 Chroniques 1 :13).

D'après les Écritures, tous les premiers-nés reçoivent la double portion d'héritage de leurs pères (Deutéronome 21 :15-17). C'est ainsi que Sidon reçut la double portion de la malédiction de son père Canaan.

Or la malédiction de Noé a eu de graves conséquences sur Canaan et ses descendants. Il s'agit de l'idolâtrie, l'homosexualité, de l'inceste, de la prostitution, de la divination, de la rébellion, des sacrifices humains, le spiritisme etc.

Les Sidoniens adoraient plusieurs dieux : «Baal», le dieu de la pluie et de la prospérité, «Astarté», la déesse de la fertilité et de la fécondité. Les prêtes d'Astarté étaient des homosexuels et les cultes qu'ils présidaient étaient caractérisés par des orgies sexuelles.

Jézabel incarnait la malédiction en tant que descendante des cananéens (2 Rois 9 :31-34).

Jézabel, la maudite, devait être une esclave des descendants de Sem (ancêtre des hébreux) d'après la prophétie de Noé. Cependant, elle s'organisa pour être leur princesse et leur chef en s'accaparant du pouvoir et domina totalement son mari Achab.

Elle l'initia aux pratiques occultes et introduisit

officiellement en Israël le culte de Baal et Astarté, tuant les prophètes de l'Éternel et établit le culte de Baal. Jézabel, fille d'Ethbaal, avait sous son pouvoir quatre cent prophètes de Baal et quatre cent cinquante prophètes d'Astarté qui mangeaient tous les jours à sa table.

ANALOGIE ENTRE LE PASSÉ ET LE PRÉSENT

Le nom «Jézabel» signifie «impudique». Elle ne supportait donc pas d'habiter avec les adorateurs du Dieu véritable et préférait les exterminer. Elle s'est approprié l'autorité de son mari, Achab, pour contrôler à la fois son ménage et diriger la nation israélite tout entière.

Le terme de «Jézabel» est aussi utilisé pour caractériser tous ceux qui prétendent être «prophètes de Dieu» mais qui ne le sont pas en réalité.

L'esprit de Jézabel, qui ne se montre pas forcément sous l'apparence d'une femme, a pour mission de propager l'occultisme dans le monde et d'introduire le culte de Satan dans les églises du Seigneur. Etant au service du diable, Jézabel n'apporte que le péché et la mort.

Certaines personnes sont inconsciemment habitées par cet esprit alors que d'autres le sont consciemment. Cette dernière catégorie de personnes infiltre les églises dans le but de détourner les chrétiens de la Vérité :

«Gardez-vous des faux prophètes. Ils viennent à vous en vêtement de brebis, mais au-dedans ce sont des loups ravisseurs» (Matthieu 7:15).

Dès son arrivée au sein du royaume d'Israël, Jézabel tua les vrais prophètes de l'Eternel afin qu'ils ne puissent plus révéler au peuple les desseins de Dieu, par le biais de l'instruction de la Vérité et de l'encouragement à la fidélité à Dieu.

Seulement cent d'entre eux purent s'échapper grâce à l'intervention d'Abdias, chef de la maison d'Achab et craignant Dieu (1 Rois 18:3-4).

Le carnage de ces prophètes a été suivi de la destruction de l'autel de Dieu et de l'accroissement de la prostitution spirituelle en Israël avec la prolifération des idoles et des abominations de tous genres.

Les prophètes de Dieu sont assimilés aux «yeux», aux «voix ou trompettes» du Seigneur (Esaïe 58:1 ; 40:3 ; Nombres 24:15-17 ; Galates 1:10). Ils voient dans l'obscurité et apportent la lumière dans ce monde de ténèbres. Ils communiquent la vision de Dieu à son peuple, dénoncent les faux serviteurs vivant dans le péché et prêchant des messages agréables à entendre.

Le Seigneur promit d'envoyer à la fin des temps des ministères semblables à Elie pour confronter la femme Jézabel qui sévit dans l'Eglise.

En effet, l'Eglise aujourd'hui a davantage besoin de prophètes authentiques pour sortir de sa torpeur spirituelle et accomplir sa mission d'annoncer la voie du salut aux hommes de toutes nations et de toutes tribus.

Les prophètes authentiques constituent l'œil pour le corps du Christ : *«L'œil est la lampe du corps. Si ton œil est en bon état, tout ton corps sera éclairé ; mais si ton œil est en mauvais état, tout ton corps sera dans les ténèbres. Si donc la lumière qui est en toi est ténèbres, combien seront grandes ces ténèbres !»* (Matthieu 6:22-23).

Les prophètes de Dieu ont aussi une mission de sentinelle (Ezéchiel 3:17-33). Ils doivent ainsi avertir les nations des événements apocalyptiques qui arrivent sur la terre à la lumière de la Parole.

Les églises qui marchent selon la vision prophétique pourront incessamment avertir le monde des dangers et du jugement qu'il encourt à cause de l'incrédulité, de la débauche et des dépravations.

L'alliance contractée par le mariage entre Achab et Jézabel était une malédiction due à la rébellion d'Achab. Il n'a pas consulté l'Eternel avant de contracter cette alliance. Pourtant, en sa qualité de roi, il était oint par le Seigneur pour gouverner le peuple d'Israël selon les lois de Dieu (Torah) :

«Malheur, dit l'Eternel, aux enfants rebelles, qui prennent des résolutions sans moi, et qui font des alliances sans ma volonté, pour accumuler péché sur péché !» (Esaïe 30:1).

Achab peut symboliser de nos jours les conducteurs

spirituels qui ne veillent pas à ce que des doctrines contraires à la Parole de Dieu ne soient pas introduites au sein de leurs assemblées et diffusées parmi les fidèles.

L'objectif de Jézabel est de déstabiliser les leaders spirituels pour ensuite paganiser les fidèles car une fois la tête touchée, le reste du corps est atteint. Pour arriver à ses fins, elle utilise son charme afin de les gagner par les sentiments, les détruit lorsqu'ils succombent au péché (notamment sexuel) et s'accapare leur autorité.

Jézabel hait toute autorité établie par le Seigneur, son seul désir étant de la remplacer et de s'asseoir ensuite en «reine».

L'IDOLATRIE : UN ESPRIT DE PROSTITUTION

L'idolâtrie peut être considérée comme une prostitution spirituelle qui se traduit par la divination, l'astrologie, la magie, l'enchantement, le spiritisme, la voyance, la nécromancie etc. (Esaïe 8 :19 ; Deutéronome 18 :9-13).

Ces pratiques idolâtres étaient largement répandues au sein des nations païennes et Dieu avait formellement interdit aux Hébreux de les imiter. (Pour plus de détails, je vous recommande mon livre « la Séduction spirituelle Tome 1 »).

Lorsque la Bible parle de Jézabel, elle dénonce l'idolâtrie ou encore un esprit de prostitution : *«Et* *dès que Joram eut vu Jéhu, il dit : N'y a-t-il pas de paix, Jéhu ? Et Jéhu répondit : Quoi la paix, tant que durent **les prostitutions de Jézabel** ta mère et la multitude de ses sortilèges !»* (2 Rois 9 :22).

De même que Jézabel a réussi à paganiser le culte en Israël par l'introduction des idoles, l'esprit de Jézabel cherche aujourd'hui à pervertir l'adoration pure des enfants de Dieu et à introduire les pratiques du monde dans les assemblées chrétiennes.

La Bible nous recommande de ne pas nous conformer au siècle présent mais de nous offrir comme des sacrifices vivants, saints et agréables à Dieu (Romains 12:1). Le Seigneur Dieu recherche de vrais adorateurs qui adorent le Père en esprit et en vérité, et les idolâtres.

En effet, la véritable adoration ne doit être centrée ni sur le matériel ni sur l'homme mais elle doit surtout être un mode de vie purement fondé sur la Parole de Dieu et tourné vers Jésus-Christ.

De ce fait, l'amour de l'argent, du siècle présent et des biens matériels conduisent forcément à l'idolâtrie qui dresse une barrière entre le Seigneur et nous.

L'idolâtrie se définit comme étant une passion excessive portée sur la forme des objets (réels ou imaginaires), des images taillées (dieu païen : des personnages, des animaux, des astres, etc.). Une idole est aussi tout ce qui prend la place de Dieu dans le cœur de l'homme comme la jalousie (Ezéchiel 8 :3).

L'esprit de Jézabel pousse les enfants de Dieu à l'idolâtrie. Jézabel aime le culte de la personnalité. Le Seigneur Dieu interdit formellement l'idolâtrie en ordonnant aux Hébreux de ne pas avoir d'autres dieux devant sa face (Exode 20 :1-4).

Il est étonnant de retrouver l'idolâtrie au sein de quelques églises où certains prédicateurs acceptent d'être adulés par les enfants de Dieu, voire élevés au rang de Dieu : Pour se faire, ils se font porter comme sur des fauteuils qu'on soulève, d'autres encore réclament qu'on s'agenouille devant eux.

Ainsi, l'homme de Dieu pprend la place, la dignité et la gloire réservées à Dieu seul: *«Je suis l'Eternel, c'est là mon nom ; et je ne donnerai pas ma gloire à un autre, ni mon honneur aux idoles»* (Esaïe 42:8).

L'idolâtrie honore Satan, conduit à la servitude et à l'apostasie : *«C'est pourquoi, mes bien-aimés, fuyez l'idolâtrie»* (1 Corinthiens 10:14).

L'ADULTERE : LE LIT DE JEZABEL

Jézabel, un esprit de séduction et de d'idolâtrie, possède un lit dans lequel elle attire et capture ses victimes. Certains enfants de Dieu sont malheureusement pris au piège, tombent et font commerce avec elle dans son lit. C'est un lit d'adultère physique et spirituel qui séduisit même le roi Salomon, qui épousa 700 femmes et prit 300 concubines.

Quelques caractéristiques de ce lit selon Proverbes

7 :16-20 :

Un lit orné de couvertures de tapis d'Égypte : c'était un tapis de grande qualité et de grand prix. L'Égypte désignait «une terre de dépression» ou encore «assiégée».

De ce fait, le tapis d'Égypte est censé provoquer la dépression spirituelle et assiéger ou emprisonner les victimes de Jézabel. Tous ceux qui ont des relations sexuelles avec des femmes animées par l'esprit de Jézabel deviennent prisonniers et finissent dans la dépression.

Un lit parfumé de myrrhe : La myrrhe

Jézabel dégage une odeur spirituelle de parfum de myrrhe tellement séduisante, qu'elle provoque une attirance est une gomme résine aromatique produite par l'arbre à myrrhe. La myrrhe est aussi utilisée comme composant de médicaments (propriétés stimulantes et antispasmodiques).

C'est surtout la parfumerie qui continue à en faire sa gloire, notamment en Orient, où elle accroît la sensualité. La personne ayant l'esprit de physique irrésistible et suscite en vous des désirs sexuels et des pensées impures à son contact.

S'il vous arrive par exemple de vous sentir attiré irrésistiblement par une personne de sexe opposé et que vos désirs s'enflamment malgré toute la bonne volonté de résister, il est fort probable que vous avez à faire à cet esprit.

Un lit d'aloès : L'aloès est une plante à fleurs de la

famille des liliacées à laquelle appartiennent le lys, l'oignon, l'ail, l'asperge, le muguet, la tulipe. Il fait partie des plantes grasses ou succulentes.

Chez les anciens Egyptiens, l'aloès avait la réputation de mettre en valeur la beauté et l'éclat des femmes. Dans l'Amérique précolombienne, les jeunes filles mayas enduisaient leur visage du jus d'aloès pour attirer les garçons comme le faisait jadis Cléopâtre. Les Afrikaners et les Zoulous, pour qui l'aloès est «la plante qui guérit tout», affirment également que son odeur est un puissant attracteur sexuel.

Certains peuples du désert en tirent un savon liquide dont ils se frottent le corps et les cheveux, ce qui leur donne une peau resplendissante et une chevelure abondante et luxuriante propre à inspirer l'amour.

Un lit de cinnamome : Ceci est un arbre aromatique qu'on retrouvait en Extrême-Orient. Dans l'antiquité, les gens de l'époque considéraient le cinnamome comme un «parfum de séduction». Mêlée à la myrrhe et à l'aloès, les femmes amoureuses en aspergeaient leurs lits afin de séduire les hommes.

Jézabel se sert des mêmes aromates utilisés dans le temple pour l'adoration de l'Eternel pour rendre un culte à ses dieux qui sont des idoles et commettre l'adultère.

LA TABLE DE JEZABEL

La personne possédée par Jézabel aime inviter à manger chez elle ses futures victimes afin de les manipuler et de les faire adhérer à son organisation.

Il existe deux sortes de tables spirituelles dont parle l'apôtre Paul: la table du Seigneur et celle des démons.

La table du Seigneur : a été révélée à Moïse et il y avait dessus 12 pains destinés à la consommation des sacrificateurs (Exode 25 : 23-30 ; Lévitique 24 : 5-9). Ces pains étaient renouvelés chaque sabbat et représentaient Christ, le Pain de Dieu, qui est l'aliment quotidien du croyant-sacrificateur (Jean 6 : 33-58).

La table des démons : a été révélée à Paul qu'il écrivit aux chrétiens de Corinthe afin de les mettre en garde contre la corruption à plusieurs niveaux (1 Corinthiens 10).

C'est dans cette catégorie, nous retrouvons la table Jézabel décrite dans 1 Rois 18:19 :

«*Fais maintenant rassembler tout Israël auprès de moi, à la montagne du Carmel, et aussi les quatre cent cinquante prophètes de Baal et les quatre cents prophètes d'Astarté qui mangent **à la table de Jézabel**»*.

Jézabel avait à sa table 850 faux prophètes qui partageaient quotidiennement son repas. À vous d'imaginer la fortune que cela représentait : le nombre d'animaux tués chaque jour et le nombre de personnes étant en charge de la cuisine !

Un nombre considérable de juifs étaient sûrement au service de la grande prêtresse et prophétesse. En ce temps, Jézabel et son mari devaient probablement être les plus grands employeurs d'Israël...

Ces prophètes entretenaient une vraie communion avec la reine impie. La table de Jézabel représente la communion avec les puissances occultes selon 1 Corinthiens 10 : 19-22.

La viande que proposait Jézabel à ses prophètes était sacrifiée aux démons. Donc ces 850 serviteurs de Baal et d'Astarté étaient en relation étroite avec les esprits impurs qui leur transmettaient des messages et des ordres.

Satan est maître en matière de déguisement et d'imitation. Il a réussi à simuler la table du Seigneur en proposant aux hommes la table des démons. Jézabel invite les hommes de Dieu à sa table afin de les détourner de la vision du ciel.

L'AVIDITE DE JEZABEL

«La femme était vêtue de pourpre et d'écarlate, parée d'or, de pierres précieuses et de perles...» (Apocalypse 17:4).

Il y a un langage et mode de vie courant qui hantent davantage les chrétiens de nos jours, celui de vivre dans l'opulence.

Une course effrénée à l'enrichissement personnel au détriment de Christ, le désir et la convoitise de posséder de belles voitures, de belles maisons, de beaux vêtements, beaucoup d'argent et voire une position élevée dans le monde.

Pourtant, la Bible nous recommande de rechercher la ressemblance à Christ avant tout. L'excellence et l'éclat proviennent du caractère de Christ imprimé dans chaque enfant de Dieu.

L'avidité pousse les hommes à s'attacher au siècle présent mauvais et à poursuivre la vanité c'est-à-dire l'ensemble des biens matériels appartenant au monde dominé par l'ennemi.

La voie de l'excellence selon la Bible consiste à vivre selon la justice, dans l'amour, l'humilité et la simplicité tout en obéissant à la Parole de Dieu : C'est Dieu qui accorde la promotion à ses enfants.

L'apôtre Paul donne un précieux conseil et donne un avertissement pour éveiller la conscience des enfants de Dieu en ces termes :

«Car nous n'avons rien apporté dans le monde, et il est évident que nous n'en pouvons rien emporter; si donc nous avons la nourriture et le vêtement, cela nous suffira. Mais ceux qui veulent s'enrichir tombent dans la tentation, dans le piège, et dans beaucoup de désirs insensés et pernicieux qui plongent les hommes dans la ruine et la perdition. Car l'amour de l'argent est une racine de tous les maux; et quelques-uns, en étant possédés, se sont égarés loin de la foi, et se sont jetés eux-mêmes dans bien des tourments» (1 Timothée 6:7-10).

Selon ce passage, l'avidité ou l'amour de l'argent engendre :

La tentation : qui est l'incitation au mal. Elle se manifeste par l'envie de posséder davantage, de s'enrichir et gagner plus d'argent de manière égoïste. Elle conduit les gens dans l'égocentrisme, l'orgueil, le mensonge, la duplicité, l'hypocrisie, la débauche, la méchanceté.

Le piège : qui vient du grec «pagis» et signifie «trappe» ou encore «filet» : *«Car il viendra comme un filet sur tous ceux qui habitent sur la face de toute la terre»* (Luc 21:35). Le mot «piège» rappelle «l'inattendu, l'improviste et la surprise» puisque les oiseaux du ciel et autres animaux pris dans le filet sont attrapés par surprise.

Les pièges de l'avidité ou la cupidité sont nombreux surtout «le mensonge» et «la débauche». Ainsi, une personne cupide finit en général par tromper son conjoint.

Les désirs insensés et pernicieux : notre société de consommation avec toutes les pressions du monde conduisent beaucoup de chrétiens aux multiples désirs pernicieux : l'envie de toujours posséder plus que les autres, la convoitise, les rivalités, la concurrence, la folie des grandeurs. L'avidité égare beaucoup de personnes loin de la vision du Seigneur (Marc 4:19).

La ruine et la perdition : une personne avide tombe aussitôt dans l'orgueil qui l'aveugle en causant sa chute et puis se perd en s'éloignant du Seigneur. Selon l'ecclésiaste Salomon, l'argent ne rassasie personne : *«Celui qui aime l'argent n'est pas* *rassasié par l'argent, et celui qui aime les richesses n'en profite pas. C'est encore là une vanité»* (Ecclésiastes 5:9).

JEZABEL : UN ESPRIT DE MANIPULATION

La sorcellerie de Jézabel : Le mot «sorcier» vient du grec «pharmakeus» et se traduit en français par «enchanteurs», «sorciers» ou «magiciens».

Aucun sorcier n'aura de part dans le royaume de Dieu : *«Mais pour les lâches, les incrédules, les abominables, les meurtriers, les impudiques, **les enchanteurs**, les idolâtres, et tous les menteurs, leur part sera dans l'étang ardent de feu et de soufre, ce qui est la seconde mort»* (Apocalypse 21:8).

La sorcellerie est aussi semblable au sortilège, à la magie, à l'enchantement, à la divination : *«Et dès que Joram eut vu Jéhu, il dit : n'y a-t-il pas de paix, Jéhu? Et Jéhu répondit: quoi la paix, tant que durent les prostitutions de Jézabel ta mère et la multitude de **ses sortilèges** ?»* (2 Rois 9:22).

Le mode opératoire de Jézabel consiste à transformer ses victimes en guignols, en usant de la sorcellerie pour mieux les contrôler spirituellement.

Elle peut aller même jusqu'à provoquer des songes mensongers et des fausses visions pour manipuler les serviteurs de Dieu. Elle œuvre avec l'esprit de python pour se faire passer pour une prophétesse authentique (Apocalypse 2:20).

Jézabel, esprit de sorcellerie et de contrôle, tente d'animer aussi bien les femmes que les hommes. Satan sait que l'homme est le chef de la femme, que Christ est le chef de l'homme et que Dieu est le chef de Christ (1 Corinthiens 11:1).

Cependant, il cherche incessamment à renverser l'ordre établi de Dieu qui assure la paix, le bien-être et l'équilibre. C'est dans ce sens qu'il se sert de «l'esprit de Jézabel» pour briser l'autorité de Dieu et celle de l'homme sachant que le désordre emmène la confusion et le chaos.

Rachel et ses mandragores : C'est ici le type de femme habitée par l'esprit de Jézabel, qui fut prête à utiliser toutes sortes d'artifices pour arriver à ses fins. Rachel, femme de Jacob, voulait avoir des enfants eût recours à la mandragore, une sorte de plante utilisée par les sorcières pour envoûter leurs proies.

*«Ruben sortit au temps de la moisson des blés, et trouva des mandragores dans les champs. Il les apporta à Léa, sa mère. Alors Rachel dit à Léa : donne-moi, je te prie, des mandragores de ton fils. Elle lui répondit : est-ce peu que tu aies pris mon mari, pour que tu prennes aussi les mandragores de mon fils ? Et Rachel dit : eh bien ! **Il couchera avec toi cette nuit pour les mandragores de ton fils.** Le soir, comme Jacob revenait des champs, Léa sortit à sa rencontre, et dit : c'est vers moi que tu viendras, car je t'ai acheté pour les mandragores de mon fils. Et il coucha avec elle cette nuit»* (Genèse 30 : 14-16).

La mandragore est appelée «plante magique de sorcières» ou encore «pomme d'amour». On l'utilisait principalement en sorcellerie pour des guérisons et des prédictions.

On lui attribue plusieurs propriétés dont celle d'être aphrodisiaque et hypnotique. Cette plante serait également un excitant du désir sexuel et favoriserait la procréation, selon certaines traditions.

Rachel désira exciter, endormir et ensorceler Jacob afin de tomber enceinte. Elle avait sûrement l'habitude d'utiliser cette méthode pour atteindre ses objectifs. D'autre part, elle avait dérobé les statues des divinités païennes de son père (Genèse 31 : 31-35).

Les Écritures rapportent que Rachel était très belle de figure et de taille (Genèse 29:17) au point où Jacob en était totalement amoureux. C'est comme si cela ne suffisait pas à Rachel qu'elle voulut le contrôler en ayant recours à la sorcellerie, puisqu'elle était en compétition aiguë avec sa grande sœur Léa.

Elle avait tellement le désir d'avoir des enfants qu'elle mit une forte pression sur Jacob et devint suicidaire :

« Lorsque Rachel vit qu'elle ne donnait point d'enfants à Jacob, elle porta envie à sa sœur, et elle dit à Jacob : Donne-moi des enfants, ou je meurs ! La colère de Jacob s'enflamma contre Rachel, et il dit: suis-je à la place de Dieu, qui t'empêche d'être féconde ?» (Genèse 30:1-2).

Lorsqu'une femme n'est pas soumise à Dieu, elle fera tout ce qui est en son pouvoir pour manipuler les hommes comme le firent Rachel, Jézabel et tant d'autres l'ont fait. En réalité, Rachel a eu recours au pouvoir attribué à la mandragore pour avoir des enfants.

Elle ne voulait pas se soumettre à Dieu et lui exposer simplement ses besoins. Seulement, à cause de l'appel qui était sur son mari Jacob, ses manigances occultes n'eurent aucun effet et c'est l'Eternel qui lui donna des enfants au temps marqué.

CHAPITRE 2
L'ÉGLISE DE THYATIRE

HISTOIRE DE THYATIRE

Thyatire signifie «encens broyé» ou «thuya» et se traduit aussi par «bois d'encens ou bois de senteur». Le thuya faisait partie des produits de luxe que les grands marchands du monde vendaient à Babylone. (Dictionnaire encyclopédique de la Bible-Alexandre WESTPHAL).

La cité de Thyatire était historiquement la moins remarquable des sept villes mentionnées dans l'Apocalypse. Elle se trouvait aux confins de la Mysie et de l'Ionie. Plusieurs cours d'eau plein de sangsues passaient à proximité.

Son trait le plus marquant était la richesse économique que lui apportaient les corporations de potiers, de tanneurs, de tisserands, de teinturiers, de tailleurs, etc. Lydie, la vendeuse de pourpre, était originaire de cette ville. Elle fut la première convertie de Paul en Europe.

La religion dominante, à Thyatire, était le culte d'Apollon Tyrimnée, associé au culte de l'empereur. Apollon était le dieu-soleil, le second en puissance après Zeus, son père.

On l'appelait aussi «celui qui détourne le mal» ; il

gouvernait le droit religieux et l'expiation c'est à dire le moyen de réparer les fautes commises et la culpabilité. Platon disait de lui : «il explique aux hommes l'institution des temples, des sacrifices et du service des dieux, ainsi que les rites liés à la mort et à la vie postérieure». Il communiquait aux hommes sa connaissance de «l'avenir et la volonté de son père» à travers les prophètes et les oracles.

A Thyatire, ce rite présidé par une prophétesse qui s'asseyait sur une chaise à trois pieds et qui entrait en transe pour apporter ses messages.

Cette religion avait une emprise extraordinaire. Sa puissance ne provenait pas seulement du domaine du mystère, mais elle provenait aussi du fait que l'on ne pouvait pas être membre de l'une des corporations qui permettaient de gagner sa vie sans pratiquer le culte d'Apollon.

Tous ceux qui refusaient de se joindre à ces fêtes idolâtres et à ces orgies licencieuses étaient exclus de des syndicats du premier siècle. Pour participer à la vie sociale et commerciale, il fallait pratiquer le paganisme idolâtre.

Le nom de Thyatire signifie aussi «femme dominatrice». L'église de Thyatire est caractérisée par une force dominatrice, une force brute qui envahit tout, qui soumet tout et qui exerce un contrôle despotique. Or, une femme dominatrice, c'est la plus grande malédiction du monde.

THYATIRE SEDUITE PAR LA FEMME JEZABEL

Thyatire n'était qu'une ville de peu d'importance située entre Pergame et Sardes. Pourtant, la lettre écrite aux chrétiens de cette ville fut la plus longue de toutes celles adressées aux églises d'Asie.

«Ecris à l'ange de l'Eglise de Thyatire : voici ce que dit le Fils de Dieu, celui qui a les yeux comme une flamme de feu, et dont les pieds sont semblables à de l'airain ardent : je connais tes œuvres, ton amour, ta foi, ton fidèle service, ta constance, et tes dernières œuvres plus nombreuses que les premières. Mais ce que j'ai contre toi, c'est que tu laisses la femme Jézabel, qui se dit prophétesse, enseigner et séduire mes serviteurs, pour qu'ils se livrent à la débauche et qu'ils mangent des viandes sacrifiées aux idoles. Je lui ai donné du temps afin qu'elle se repente, et elle ne veut pas se repentir de sa débauche. Voici, je vais la jeter sur un lit, et envoyer une grande tribulation à ceux qui commettent adultère avec elle, à moins qu'ils ne se repentent de leurs œuvres. Je frapperai de mort ses enfants, et toutes les églises connaîtront que je suis Celui qui sonde les reins et les cœurs, et je rendrai à chacun de vous selon ses œuvres» (Apocalypse 2:18-23).

Cette lettre de Jésus est une condamnation de l'adultère spirituel.

Historiquement, Thyatire symbolise l'église du Moyen Age marquée par la corruption, la superstition et le paganisme ; elle avait perdue de sa pureté et de son zèle (Introduction aux livres de la Bible, Ray Stedman, Editions Farel 2000).

Thyatire décrit bien l'état de l'Eglise de Jésus pendant la longue période du triomphe de la persécution papale. Cette ère de tribulations fut épouvantable pour l'Eglise et améliora la condition du pouvoir religieux.

Cette église reçut des éloges pour ses diverses qualités spirituelles, mais une réprimande lui fut adressée pour avoir laissé un agent de Satan agir en son sein.

La femme «Jézabel» désigne ici, non pas un individu, mais une entité spirituelle composée de personnes sous son influence démoniaque. De plus, ce nom est utilisé ici sous la forme d'une métaphore, en allusion à l'épouse d'Achab, qui tua les prophètes du Seigneur et nourrit les prophètes de Baal à sa propre table.

Force est de constater qu'aucune autre figure plus vivante ne pouvait mieux décrire les abominations papales.

Au travers de ce message biblique et de l'histoire, il est évident que l'Eglise de Jésus-Christ permit à quelques moines de prêcher et d'enseigner en son sein. Les enfants de Jézabel désignent toutes les dénominations, les sectes religieuses et leurs prosélytes.

Les jugements qui menacent Jézabel coïncident avec

ceux que subira la grande prostituée, femme corrompue, mère des prostituées et des abominations de la terre (Apocalypse 17:5).

REVELATION DE JESUS-CHRIST A L'EGLISE DE THYATIRE

«Écris à l'ange de l'Église de Thyatire : voici ce que dit le Fils de Dieu, **Celui qui a les yeux comme une flamme de feu, et dont les pieds sont semblables à de l'airain ardent***»* (Apocalypse 2:18).

La révélation de Jésus à chacune des sept églises coïncide avec l'état spirituel de chacune d'elles.

A Thyatire, Jésus se révèle comme **«Celui qui a les yeux comme une flamme de feu»**. Les yeux de Jésus représentent l'omniscience, la révélation parfaite :

« Car voici la pierre que j'ai placée devant Josué : il y a sept yeux sur cette seule pierre...» (Zacharie 3:9).

Jésus-Christ est la pierre angulaire qui a sept yeux. *«Et je vis au milieu du trône et des quatre êtres vivants et au milieu des anciens, un Agneau debout, qui semblait immolé. Il avait sept cornes et sept yeux, qui sont les sept esprits de Dieu envoyés par toute la terre»* (Apocalypse 5:6).\

Jésus-Christ est l'Agneau de Dieu qui a sept cornes et sept yeux. Les sept yeux de Jésus représentent les sept Esprits de Dieu.

«Du trône sortent des éclairs, des voix et des

tonnerres. Devant le trône brûlent sept lampes ardentes, qui sont les sept esprits de Dieu» (Apocalypse 4 : 5).

Les sept Esprits de Dieu représentent ici les sept lampes ardentes qui brûlent devant le trône de Dieu. Or, Jésus est la Parole de Dieu, lampe à nos pieds et lumière pour nos sentiers (Psaume 119:105).

7 Yeux = 7 Esprits de Dieu = 7 Lampes ardentes correspondent à l'Omniscience et l'Omniprésence de Jésus. Tous ces termes correspondent également à la révélation par excellence dont parle Luc 12:2-3 :

« Il n'y a rien de caché qui ne doive être découvert, ni de secret qui ne doive être connu. C'est pourquoi tout ce que vous aurez dit dans les ténèbres sera entendu dans la lumière, et ce que vous aurez dit à l'oreille dans les chambres sera prêché sur les toits».

Il est important d'avoir les yeux de Christ, yeux en flamme de feu car ils sondent tout et décèlent Jézabel pour mieux l'affronter. Elie avait les yeux en flamme de feu, ce qui lui permit de combattre Jézabel.

Jésus se révèle encore à l'église de Thyatire comme **«Celui qui a les pieds semblables à de l'airain ardent»**. Les pieds d'airain font surtout référence à Genèse 3 :15 où il est écrit : *«Je mettrai inimitié entre toi et la femme, entre ta postérité et sa postérité: celle-ci t'écrasera la tête, et tu lui blesseras le talon».*

Ce sont les pieds de Jésus-Homme qui ont écrasé la

tête du serpent. C'est avec ces pieds-là qu'on peut fouler aux pieds les faux prophètes et les démons qui les animent.

Le roi Jéhu avait reçu, par le canal du prophète Elie, l'onction pour fouler Jézabel aux pieds :

«L'Éternel lui dit : va, reprends ton chemin par le désert jusqu'à Damas ; et quand tu seras arrivé, tu oindras Hazaël pour roi de Syrie. Tu oindras aussi Jéhu, fils de Nimschi, pour roi d'Israël ; et tu oindras Élisée, fils de Schaphath, d'Abel Mehola, pour prophète à ta place. Et il arrivera que celui qui échappera à l'épée de Hazaël, Jéhu le fera mourir ; et celui qui échappera à l'épée de Jéhu, Élisée le fera mourir» (1 Rois 19:15-17).

«Jéhu entra dans Jizreel. Jézabel, l'ayant appris, mit du fard à ses yeux, se para la tête, et regarda par la fenêtre. Comme Jéhu franchissait la porte, elle dit : est-ce la paix, nouveau Zimri, assassin de son maître ? Il leva le visage vers la fenêtre, et dit : qui est pour moi ? Qui ? Et deux ou trois eunuques le regardèrent en s'approchant de la fenêtre. Il dit : jetez-la en bas ! Ils la jetèrent, et il rejaillit de son sang sur la muraille et sur les chevaux. Jéhu la foula aux pieds ; puis il entra, mangea et but, et il dit : allez voir cette maudite, et enterrez-la, car elle est fille de roi. Ils allèrent pour l'enterrer ; mais ils ne trouvèrent d'elle que le crâne, les pieds et les paumes des mains. Ils retournèrent l'annoncer à Jéhu, qui dit : c'est ce qu'avait déclaré l'Éternel par son serviteur Élie, le Thischbite, en disant : les chiens mangeront la chair de Jézabel dans le camp

de Jizreel ; et le cadavre de Jézabel sera comme du fumier sur la face des champs, dans le champ de Jizreel, de sorte qu'on ne pourra dire : c'est Jézabel» (2 Rois 9:30-37).

Il est autant clair que fouler quelqu'un aux pieds signifie «prendre le dessus sur lui» et «affirmer son autorité». Le Seigneur Jésus-Christ avait foulé Satan aux pieds à la croix tout en dépouillant complètement et a donné le pouvoir à l'Eglise afin de marcher sur les serpents, les scorpions et sur toute la puissance de l'ennemi (Luc 10:19).

De ce fait, toute personne qui foulera Jézabel aux pieds recevra de Christ l'autorité sur les nations : *«A **celui qui vaincra, et qui gardera jusqu'à la fin mes œuvres, je donnerai autorité sur les nations**. Il les paîtra avec une verge de fer, comme on brise les vases d'argile, ainsi que moi-même j'en ai reçu le pouvoir de mon Père»* (Apocalypse 2:26-27).

Il importe donc à tous les ministères apostoliques et prophétiques de ces temps de la fin d'affronter courageusement Jézabel afin de la fouler aux pieds dans le but de libérer les nations pour Christ.

LE GRAND COMPROMIS

Le Seigneur connaît parfaitement l'état spirituel des chrétiens et des leaders de chaque église parce qu'il est *«Celui qui sonde les cœurs et les reins»*.

La lettre à l'église de Thyatire débute par des encouragements du Seigneur Jésus. En effet, il approuve les bonnes œuvres que pratique cette église, l'amour, la foi, la fidélité dans le service, la constance et les dernières œuvres, plus nombreuses que les premières.

Ces dernières œuvres pouvaient être la diffusion de l'Evangile, la prière, les libéralités, l'hospitalité, le soutien aux pauvres et aux veuves. Cependant, le *«mais»* change l'appréciation du Seigneur puisqu'il appelle l'église à la repentance.

Le reproche adressé à l'église de Thyatire est d'avoir *«laissé la femme Jézabel»* poursuivre son enseignement démoniaque.

En effet, le verbe «laisser» vient du grec «eao» et signifie admettre, permettre ou laisser faire volontairement.

De ce fait, il importe de comprendre que le Seigneur hait le compromis dans son Eglise car elle doit se garder pure et s'attacher à sa Parole.

La Bible déclare dans le passage d'Ephésiens 5:27 que Jésus revient chercher une Eglise sainte et glorieuse, dénuée des taches du péché, des rides de la loi et de la tradition des hommes.

La réprimande de Jésus confirmait le compromis existant entre les conducteurs spirituels de Thyatire et Jézabel, puissant esprit séducteur de la fin des temps.

Jézabel reste une adversaire farouche des ministères prophétiques oints, dynamiques et conquérants. Elle cherche à y introduire subtilement la corruption et toutes sortes d'abominations. Malheureusement, elle arrive parfois à ses fins faute de prudence et de discernement de la part des chrétiens.

«Voici, je vous envoie comme des brebis au milieu des loups. Soyez donc prudents comme les serpents, et simples comme les colombes» (Matthieu 10:16).

Tous les chrétiens sont alors appelés à vivre pleinement l'Evangile, à prêcher et enseigner toute la vérité et à dénoncer les œuvres infructueuses du diable. Vivre une vie contraire à celle prescrite par la Parole donnerait l'avantage à l'ennemi sur les chrétiens !

En effet, 2 Corinthiens 2:11 nous dit de *«ne pas laisser à Satan l'avantage sur nous, car nous n'ignorons pas ses desseins».*

C'est pourquoi, chaque église doit soigneusement et continuellement s'examiner afin de s'assurer que cet esprit n'opère pas en son sein.

La femme Jézabel peut représenter aussi ce gigantesque système religieux œcuménique qui attaque la vérité de l'Evangile en introduisant l'hérésie.

Aussi, elle tente de s'infiltrer dans les églises réveillées en cherchant à asseoir le péché dans le cœur des chrétiens et jeter sur eux un voile qui obscurcit la présence glorieuse de Dieu, ce qui conduit à l'incrédulité et à la dépravation.

Jézabel arrive à bien établir son règne dans les églises d'une part, parce que les pratiques abominables qu'elle y introduit n'étant pas dénoncées s'enracinent progressivement et d'autre part, parce que les conducteurs sont animés par la crainte des hommes ; ils n'osent plus dénoncer publiquement le péché de peur de voir certains de leurs membres quitter les assemblées et perdre ainsi leur soutien financier.

Par ailleurs, les conducteurs faisant partie de certaines fédérations sous l'influence de Jézabel se verront suspendre leurs salaires s'ils persistent à proclamer la vérité.

Les véritables conducteurs sont ceux qui honorent Dieu et Le servent sans compromission et défendent la vérité en toutes circonstances. Ils cherchent toujours l'approbation divine et ne laissent aucune place à l'esprit de Jézabel. Paul disait aux chrétiens de défendre avec acharnement la saine doctrine *«sachant que je suis établi pour la défense de l'Evangile»* (Philippiens 1:16).

«Car nous n'avons pas de puissance contre la vérité ; nous n'en avons que pour la vérité» (2 Corinthiens 13:8).

«Et maintenant, est-ce la faveur des hommes que je désire, ou celle de Dieu ? Est-ce que je cherche à plaire aux hommes ? Si je plaisais encore aux hommes, je ne serais pas serviteur de Christ» (Galates 1:10).

De ce fait, ne craignons pas les multiples représailles de l'ennemi et des systèmes préétablis par les hommes (Matthieu 10:28 ; Proverbes 29:25) mais prêchons la vérité à n'importe quel prix.

JEZABEL SE DIT «PROPHETESSE»

Le mot prophétesse en grec «prophetis» signifie «femme, porte-parole de Dieu, à qui les événements ou les choses cachées sont révélées, soit par l'inspiration, soit par des songes ou des visions».

Jézabel prétend être inspirée de «la vérité de Dieu» ou encore affirme «être la voix infaillible» de Dieu.

N'étant pas une prophétesse authentique, cette femme «Jézabel» se déguise dans le but de séduire les élus. Il y a derrière cette entité l'esprit du faux prophète, c'est-à-dire l'esprit du mensonge et de l'erreur.

L'apôtre Jean nous exhorte à ne pas ajouter foi à tout esprit mais à les éprouver, à cause de la prolifération des faux prophètes. Tout chrétien doit savoir discerner le vrai du faux : on reconnaît l'arbre par son fruit et un mauvais arbre ne peut porter de bons fruits.

L'esprit de Jézabel est un esprit séducteur et démoniaque, source de fausses révélations et de fausses doctrines. Il faut donc toujours sonder les Ecritures et éprouver les esprits pour savoir s'ils sont de Dieu (1 Jean 4:1).

L'esprit de Jézabel a animé tous les faux prophètes qui ont émergé dans ce monde, chacun d'eux prétendant «détenir la vérité». Ce sont les précurseurs de l'Islam, du Bouddhisme, de l'Hindouisme, du Catholicisme romain, etc.

A ce nombre s'ajoutent les sectes dites chrétiennes, les témoins de Jehova, les Mormons, l'Eglise de Scientologie, la secte Moon, etc. De même aujourd'hui, nous voyons l'émergence des faux prophètes au sein des églises qu'il faut dénoncer avec rigueur.

JEZABEL SEDUIT LES SERVITEURS DE DIEU

Jézabel est un esprit séducteur qui a pour mission d'égarer davantage de chrétiens de la vérité : *«Mais l'Esprit dit expressément que, dans les derniers temps, quelques-uns abandonneront la foi, pour s'attacher à des esprits séducteurs et des doctrines de démons, par l'hypocrisie des faux docteurs»* (1 Timothée 4:1-2).

Le verbe «séduire» se traduit ici par le terme grec «planao» et signifie «s'égarer, tromper, être induit en erreur, séparer de la vérité». Il faut donc que les chrétiens prennent garde de ne point se laisser entraîner loin du chemin de la vérité par des conducteurs égarés.

«Mais les hommes méchants et les imposteurs avanceront toujours plus dans le mal, égarant les autres et égarés eux-mêmes» (2 Timothée 3:13).

La séduction arrive lorsqu'un manque de vigilance à l'égard de la Parole s'installe. Les personnes séduites dans le passage de 2 Timothée 3 : 13 ne sont pas des non chrétiens mais de véritables adorateurs de Christ qui ont manqué de vigilance (Apocalypse 12:9 ; 1 Jean 5:19).

Ainsi, même des responsables d'églises, des hommes oints par le Seigneur, des élus seront séduits avec le réveil des faux christs, des faux prophètes, des faux docteurs (Matthieu 24 et 2 Pierre 2). Nous pouvons néanmoins distinguer deux catégories de faux docteurs et faux prophètes.

-La première catégorie concerne tous ceux qui ont servi Dieu fidèlement et qui sont tombés dans le compromis. Ils étaient auparavant de bons prophètes et de véritables docteurs de Dieu.

Cependant, à cause de la négligence de la Parole de Dieu, ils ont été séduits par le péché et entraînés dans l'apostasie. Le prophète Balaam est un parfait exemple d'un prophète séduit. Balaam était à l'origine un prophète juif authentique mais il s'est laissé corrompre.

Balaam a quitté le droit chemin parce qu'il aimait le salaire de l'iniquité. Le roi Balak, un roi impie, lui proposa de maudire Israël en échange de présents et de grands honneurs (Nombres 22).

Séduit par le matériel et la gloire de ce monde, Balaam ne déclina pas l'offre de Balak. Tous ceux qui se laissent corrompre à cause des présents et de grands honneurs sont réputés avoir suivi la voie de Balaam.

«Après avoir quitté le droit chemin, ils se sont égarés en suivant la voie de Balaam, fils de Bosor,

qui aima le salaire de l'iniquité, mais qui fut repris pour sa transgression : une ânesse muette, faisant entendre une voix d'homme, arrêta la démence du prophète» (2 Pierre 2:15-16).

Balaam recourut ensuite aux enchantements afin de créer une brèche au sein du peuple d'Israël et provoquer ainsi la malédiction de Dieu (Nombres 24, 25). Balaam pensait bien agir mais il était déjà hors du chemin : *«Malheur à eux ! Car ils ont suivi la voie de Caïn, ils se sont jetés pour **un salaire dans l'égarement de Balaam**, ils se sont perdus par la révolte de Koré»* (Jude 11).

Il importe de savoir comprendre que c'est Dieu Lui-même envoie l'esprit ou la puissance d'égarement à tous ceux qui rejettent volontairement la vérité (2 Thessaloniciens 2:7-12).

Balaam «enseigna» au roi Balak à mettre une pierre d'achoppement devant les fils d'Israël pour qu'ils mangent des viandes sacrifiées aux idoles et qu'ils se livrent à la débauche, d'où la doctrine de Balaam. Balak a alors envoyé vers les israélites des femmes moabites qui les ont séduits par la débauche et l'idolâtrie (Nombres 25).

Jésus a reproché à l'église de Pergame, une des sept églises d'Asie de s'être attachée à la doctrine de Balaam.

«Mais j'ai quelque chose contre toi, c'est que tu as là des gens attachés à la doctrine de Balaam, qui enseignait à Balak à mettre une pierre d'achoppement devant les fils d'Israël, pour qu'ils

mangent des viandes sacrifiées aux idoles et qu'ils se livrent à la débauche» (Apocalypse 2:14).

La séduction commence lorsque la vérité, le message de la croix et de l'Evangile de la grâce de Dieu est dissimulée.

-La deuxième catégorie de faux prophètes et de faux docteurs représente tous les agents de Satan prédestinés, préparés et envoyés pour éloigner les hommes de Dieu de la vérité.

La Bible nous parle de Simon le magicien qui, se faisant passer pour un grand prophète, exerçait la magie et étonnait le peuple de Samarie. Tous les samaritains émerveillés par ses opérations magiques croyaient qu'il opérait par la grande puissance de Dieu.

*«Il y avait auparavant dans la ville un homme nommé Simon, qui, se donnant pour un personnage important, **exerçait la magie et provoquait l'étonnement** du peuple de la Samarie. Tous, depuis le plus petit jusqu'au plus grand, l'écoutaient attentivement, et disaient : celui-ci est la puissance de Dieu, celle qui s'appelle la grande. Ils l'écoutaient attentivement, parce **qu'il les avait longtemps étonnés par ses actes de magie»*** (Actes 8:9-11).

De nombreuses personnes s'autoproclamant serviteurs de Dieu exercent le ministère d'étonnement pour épater les gens par des actes magiques.

Paul et Barnabas rencontrèrent également un magicien, un faux prophète juif du nom de Bar-Jésus encore appelé Elymas. Ce dernier leur résistait et cherchait à détourner le proconsul Sergius Paulus de la foi.

«Barnabas et Saul, envoyés par le Saint- Esprit, descendirent à Séleucie, et de là ils s'embarquèrent pour l'île de Chypre. Arrivés à Salamine, ils annoncèrent la parole de Dieu dans les synagogues des Juifs. Ils avaient Jean pour aide. Ayant ensuite traversé toute l'île jusqu'à Paphos, ils trouvèrent un certain magicien, faux prophète juif, nommé Bar Jésus, qui était avec le proconsul Sergius Paulus, homme intelligent. Ce dernier fit appeler Barnabas et Saul, et manifesta le désir d'entendre la parole de Dieu. Mais Elymas, le magicien, car c'est ce que signifie son nom, leur faisait opposition, cherchant à détourner de la foi le proconsul. Alors Saul, appelé aussi Paul, rempli du Saint-Esprit, fixa les regards sur lui, et dit : homme plein de toute espèce de ruse et de fraude, fils du diable, ennemi de toute justice, ne cesseras tu point de pervertir les voies droites du Seigneur ? Maintenant voici, la main du Seigneur est sur toi, tu seras aveugle, et pour un temps tu ne verras pas le soleil. Aussitôt l'obscurité et les ténèbres tombèrent sur lui, et il cherchait, en tâtonnant, des personnes pour le guider. Alors le proconsul, voyant ce qui était arrivé, crut, étant frappé de la doctrine du Seigneur» (Actes 13:4-12).

Nous pouvons nous apercevoir que certains des faux prophètes sont des magiciens, de purs satanistes mandatés pour résister à la vérité et pour séduire ceux qui croient. Ce sont les enfants de la malédiction !

Plusieurs d'entre ces faux prophètes et docteurs créent des sectes et religions pour séduire des milliers de personnes. D'autres de surcroît se substituent à «Dieu» et captivent les hommes faibles d'esprit.

Jézabel est un esprit religieux qui a beaucoup d'enfants, comme le dit Apocalypse 2:23. Ses enfants sont les mouvements religieux tels le Nouvel Âge (New Age), le Catholicisme romain, les religions orientales (l'Islam, le Bouddhisme, l'Hindouisme, le Shintoïsme, etc.) et toutes les sectes qui s'en suivent (la Franc-maçonnerie, la Rose-Croix, l'Ekhankar, la secte Moon, les témoins de Jéhovah, etc.).

Lorsque Jézabel fait son entrée au sein d'une assemblée locale, elle se présente avec des dons spirituels ahurissants qui peuvent être une belle voix, des dons de prophétie, de vision et de parole de connaissance...

Elle œuvre dans le but d'atteindre le leader spirituel comme au temps d'Achab. Arrivée à ses fins, elle sème la division au sein de la classe dirigeante en s'emparant du leader pour le contrôler et le séparer de ses collaborateurs.

Symboliquement, spirituellement ou même physiquement, Jézabel «tue» les vrais serviteurs de Dieu (1 Rois 18:4) et établit de faux prophètes (1

Rois 18:19). Elle met tout en son pouvoir pour que la vérité soit occultée dans l'église et remplacée par de fausses doctrines. Beaucoup d'églises ont été détruites, des hommes de Dieu ont perdu leur ministère et leur réputation à cause de cet esprit démoniaque.

QUI SONT CEUX QUI PEUVENT ETRE SEDUITS PAR L'ESPRIT DE JEZABEL?

Ce sont tous ceux qui manquent de prudence, de vigilance (Proverbes 14:15 ; Matthieu 26:41) ; ceux qui manquent de maturité et de jugement spirituel (1 Corinthiens 2:15 ; Hébreux 5:13-14) ; ceux qui sont faibles, charnels et bornés (2 Timothée 3:6) ; ceux qui sont entêtés, endurcis dans leur cœur (1 Rois 22:22 ; Ephésiens 4:18) ; ceux qui ne connaissent pas les Ecritures et ceux qui ont l'intelligence obscurcie (Osée 4:6; Ephésiens 4:18 ; Jude 1:10).

La Jézabel antique fut foulée aux pieds par Jéhu, roi d'Israël qui reçut l'esprit d'Elie. Le Seigneur Jésus va la fouler et la jeter sur le lit de la débauche avec ses amants afin qu'ils connaissent la grande tribulation et le jugement de Dieu.

Seuls ceux qui ont l'Esprit de vérité pourront repousser la séduction de l'esprit de Jézabel à la fin des temps en l'opposant à la Parole de Dieu, l'épée de l'Esprit. *«Plus tranchante qu'une épée quelconque à double tranchant»*, la Vérité fermement proclamée dérange Jézabel qui ne peut la supporter.

LA DEBAUCHE DE THYATIRE

Selon Apocalypse 2, les idolâtries proviennent de l'influence de Jézabel qui séduit les serviteurs de Dieu afin *«qu'ils se livrent à la débauche, et qu'ils mangent les viandes sacrifiées aux idoles»*.

«Mais j'ai quelque peu de chose contre toi, c'est que tu souffres que la femme Jézabel, qui se dit prophétesse, enseigne et séduise mes serviteurs, pour les engager dans la fornication, et leur faire manger des choses sacrifiées aux idoles» (Version Ostervald).

L'esprit de Jézabel cherche à entraîner les serviteurs de Dieu dans la débauche. La débauche peut porter soit sur des pratique sexuelles contraires à la Parole (l'impudicité, la fornication, l'adultère et tout dérèglement comme l'homosexualité, la pédophilie, la masturbation, la zoophilie, la prostitution, etc.), soit sur tout acte d'excès notamment l'ivrognerie et la gloutonnerie (Ephésiens 5:18 ; Galates 5:19-20).

Le constat qui est généralement fait reste à tous égard amer et horrible: de nombreux chrétiens et leurs leaders sont touchés par la débauche sans être épouvantés.

Certains d'entre eux sont polygames (ayant des maîtresses ou des femmes pour le ministère, couramment appelées ailleurs «deuxième bureau» ou «roue de secours») et d'autres encore divorcent sans raison valable pour se remarier facilement (Marc 10:11).

Et pour justifier cette mauvaise conduite, ils prétendent détenir «l'onction salomonique». De tels leaders, dont les vies sont trempées par la débauche, transmettent aisément des démons au peuple de l'Éternel.

La débauche est monnaie courante dans de nombreuses assemblées et ce, aussi bien au niveau de la classe dirigeante que des chrétiens. Plusieurs églises se sont livrées à la débauche bien que Dieu appelle son peuple à en sortir (1 Corinthiens 6:17-18).

La débauche n'est pas seulement physique mais elle est aussi spirituelle. Par exemple, une personne qui se sert de son ministère, de sa position, de sa fonction ou de ses dons spirituels pour dominer et manipuler le peuple par la doctrine des Nicolaïtes (dominateur du peuple) ou satisfaire ses besoins par la doctrine de Balaam (celui qui dévore), commet la débauche (Apocalypse 2:14-15).

L'apôtre Jacques appelle «adultères» tous les chrétiens qui veulent être «amis du monde».

Quant à l'apôtre Paul, il recommande de ne pas s'enivrer du vin de la débauche : *«Ne vous enivrez pas de vin : c'est la débauche. Soyez au contraire, rempli du Saint-Esprit»*, *«Ne savez-vous pas que celui qui s'attache à la prostituée est un seul corps avec elle ?»* (Ephésiens 5:18 ; 1 Corinthiens 6 :17).

Notons que dans la Bible, il existe de nombreux passages notamment dans le livre des Proverbes qui parlent de cette entité que représente Jézabel, qui est la prostituée.

Elle est désignée par la femme étrangère aux lèvres doucereuses, par la courtisane, par la femme mauvaise, par la femme prostituée, par la femme qui séduit par ses paupières (fards aux yeux) ou encore par la femme corrompue :

«...Pour te délivrer de la femme courtisane, de l'étrangère qui emploie des paroles doucereuses, qui abandonne l'ami de sa jeunesse, et qui oublie l'alliance de son Dieu ; car sa maison penche vers la mort, et sa route mène chez les morts : aucun de ceux qui vont à elle ne revient, et ne retrouve les sentiers de la vie» (Proverbes 2:16-19).

«Car les lèvres de l'étrangère distillent le miel, et son palais est plus doux que l'huile ; mais à la fin elle est amère comme l'absinthe, aiguë comme un glaive à deux tranchants. Ses pieds descendent vers la mort, ses pas atteignent le séjour des morts. Afin de ne pas considérer le chemin de la vie, elle est errante dans ses voies, elle ne sait où elle va. Et maintenant, mes fils, écoutez-moi, et ne vous écartez pas des paroles de ma bouche» (Proverbes 5:3-7).

*«Car le précepte est une lampe, et l'enseignement une lumière, et les avertissements de la correction sont le chemin de la vie : ils te préserveront de la femme corrompue, de la langue doucereuse de l'étrangère. Ne la convoite pas dans ton cœur pour sa beauté, et **ne te laisse pas séduire par ses paupières**. Car pour **la femme prostituée** on se réduit à un morceau de pain, et la femme mariée*

tend un piège à la vie précieuse» (Proverbes 6:23-26).

*«...Pour qu'elles te préservent de **la femme étrangère**, de l'étrangère qui emploie des paroles doucereuses. C'est pourquoi je suis sortie au-devant de toi pour te chercher, et je t'ai trouvé. J'ai orné mon lit de couvertures, de tapis de fil d'Égypte ; j'ai parfumé ma couche de myrrhe, d'aloès et de cinnamome. Viens, enivrons-nous d'amour jusqu'au matin, livrons-nous joyeuse- ment à la volupté. Car mon mari n'est pas à la maison, il est parti pour un voyage lointain ; il a pris avec lui le sac de l'argent, il ne reviendra à la maison qu'à la nouvelle lune. Elle le séduisit à force de paroles, elle l'entraîna par ses lèvres doucereuses»* (Proverbes 7:5, 15-21).

«Et j'ai trouvé plus amère que la mort la femme dont le cœur est un piège et un filet, et dont les mains sont des liens ; celui qui est agréable à Dieu lui échappe, mais le pécheur est pris par elle» (Ecclésiaste 7 :26).

Cette femme est aussi mentionnée dans Zacharie 5:5-11 : *«L'ange qui me parlait s'avança, et il me dit : Lève les yeux et regarde ce qui sort là. Je répondis : qu'est-ce ? Et il dit : c'est l'épha qui sort. Il ajouta : c'est leur iniquité dans tout le pays. Et voici, une masse de plomb s'éleva, et il y avait une femme assise au milieu de l'épha. Il dit : c'est l'iniquité. Il la repoussa dans l'épha, et il jeta sur l'ouverture la masse de plomb. Je levai les yeux et je regardai et voici, deux femmes parurent. Le vent soufflait dans leurs ailes : elles avaient des ailes comme celles de la cigogne. Et elles enlevèrent l'épha entre la terre et le ciel. Je dis à l'ange qui me parlait : où emportent-elles l'épha ? Il me répondit : elles vont lui bâtir une maison dans le pays de schinéar. Et quand elle sera prête, il sera déposé là dans son lieu».*

Cette femme assise au milieu de l'épha n'est rien d'autre que la prostituée qui introduisit l'iniquité en Juda à l'époque du roi Manassé. Nous la retrouvons également dans la parabole du levain de Matthieu 13:33, où Jésus la décrit comme une femme qui introduit du levain (image de l'iniquité et des fausses doctrines) dans la pâte jusqu'à ce qu'elle soit levée.

Elle représente à la fois le mystère de l'iniquité qui agit déjà dont parle 2 Thessaloniciens 2:7 et le mystère de Babylone la grande, la prostituée d'Apocalypse 17.

En effet, dans le livre d'Apocalypse 17, il est fait mention de la grande prostituée qui est une représentation parfaite de Jézabel. La grande prostituée est à l'origine et propagande des fausses doctrines et des fausses révélations, de la prostitution, de la pornographie, du show-bizness, de toutes les perversions sexuelles et de toutes les séductions du monde.

La débauche peut également se traduire par l'introduction de certaines pratiques mondaines au milieu des enfants de Dieu comme entre autres :

- Les fêtes païennes (Halloween, Carnavals, Dragon)
- La mode séductrice (les vêtements moulants,

les coupes de cheveux extravagantes, les maquillages «tape à l'œil»),

- La musique et les danses mondaines qui corrompent l'adoration pure et saine venant d'un cœur sincère. Ces choses sont malheureusement utilisées, dans certains milieux comme prétexte, pour attirer les multitudes notamment les jeunes au Seigneur.

De plus, la coupe de vin de Jézabel est remplie de mensonges enivrants (Proverbes 12:22), représentant les faux enseignements qui rendent les gens totalement saouls spirituellement et incapables de comprendre ce que dit réellement la Bible.

Ces fausses doctrines diminuent l'aptitude des personnes à comprendre la vérité (la saine doctrine), ce qui entraîne de nombreuses hérésies.

LES VIANDES SACRIFIÉES AUX IDOLES

Nous pouvons mieux comprendre l'expression «viandes sacrifiées aux idoles» à la lumière de Daniel 1:1- 8 : *«Daniel refusa de se souiller avec les mets du roi de Babylone».*

Le verbe «se souiller» ici en hébreu est «gaal» et signifie polluer, profaner, tâcher ou rendre impur.

A Babylone, la nourriture du roi était considérée comme souillée pour les juifs. Les «mets» étaient composés de viandes consacrées aux faux dieux. Quant au vin, il servait aux libations pour le culte de Baal.

Daniel était un hébreu qui gardait les

commandements de Dieu et respectait la Torah ; il n'a donc pas voulu se souiller en mangeant et en buvant des aliments et des boissons impurs.

Dans ce contexte de la tradition hébraïque, le fait de manger des viandes sacrifiées aux idoles équivalait à «être en communion avec ces idoles» :

«Voyez les Israélites selon la chair : ceux qui mangent les victimes ne sont-ils pas en communion avec l'autel ? Que dis-je donc ? Que la viande sacrifiée aux idoles est quelque chose, ou qu'une idole est quelque chose ? Nullement. Je dis que ce qu'on sacrifie, on le sacrifie à des démons, et non à Dieu ; or, je ne veux pas que vous soyez en communion avec les démons. Vous ne pouvez boire la coupe du Seigneur, et la coupe des démons ; vous ne pouvez participer à la table du Seigneur, et à la table des démons» (1 Corinthiens 10:18-21).

Par ailleurs, Jésus-Christ se révèle dans l'Evangile de Jean comme étant le «Vrai Pain de Vie», la vraie nourriture pure et sainte donnée par le Père pour avoir la vie éternelle :

«Jésus leur dit : en vérité, en vérité, je vous le dis, si vous ne mangez la chair du Fils de l'homme et si vous ne buvez son sang, vous n'avez pas la vie en vous. Celui qui mange ma chair et qui boit mon sang a la vie éternelle, et je le ressusciterai au dernier jour. Car ma chair est vraiment une nourriture et mon sang est vraiment un breuvage. Celui qui mange ma chair et boit mon sang demeure en moi, et moi en lui» (Jean 6:52-56).

Lorsqu'il dit : *«ma chair est vraiment une nourriture»*, cette nourriture n'est rien d'autre que la Parole de Dieu (la Vérité de la saine doctrine) dont nous devons nous nourrir quotidiennement pour avoir la vie. *«L'homme ne vivra pas de pain seulement mais de toute parole qui sort de la bouche de Dieu»* (Matthieu 4:4).

«J'ai recueilli tes paroles, et je les ai dévorées» (Jérémie 15:16). Nous devons manger la parole de Dieu, voire même la dévorer, car ses paroles sont Esprit et vie.

Jésus-Christ a dit à ses disciples qu'ils étaient déjà purs à cause de la parole qu'il leur avait annoncée (Jean 15:3). La Parole de Dieu est une vraie nourriture qui purifie, transforme et nous rend semblables à Christ, l'image du Dieu invisible.

De même que Satan aime «imiter Dieu», il propose aux hommes de la nourriture mais une nourriture qui souille, «des viandes sacrifiées aux idoles», qui ne sont rien d'autres qu'une représentation du faux évangile, des fausses doctrines, des fausses religions ou du faux Christ.

Satan envoie beaucoup de faux serviteurs dans les églises de Dieu avec plusieurs enseignements erronés, démoniaques et non fondés sur la Bible. Malheureusement, de nombreux chrétiens tombent dans le filet de ces faux serviteurs car peu d'entre eux méditent et étudient correctement les Écritures pour arriver à discerner les choses spirituelles. Ils périssent faute de connaissance.

Ces faux serviteurs inspirés par l'ennemi déforment la Parole de Dieu, sortent les passages bibliques de leur contexte littéraire, linguistique, historique et géographique pour l'utiliser ensuite à des fins personnelles.

Ces enseignements erronés qu'ils diffusent constituent «les viandes sacrifiées aux idoles» parce qu'ils ne sont pas inspirés ni illuminés par le Saint-Esprit.

Le diable s'attelle de plus en plus à altérer la Parole de Dieu. Etant un «spécialiste en matière de falsification par le mélange», il a pour objectif principal de fausser le jugement des chrétiens.

Ainsi, une doctrine vraie à 99 % pourra être contaminée à 1% par des vagues de mensonges jusqu'à ce que les proportions soient inversées. La Bible invite donc les enfants de Dieu à aiguiser et faire bon usage du discernement spirituel en vue de juger distinctement toutes choses.

Nous assistons actuellement à de multiples abominations au sein de la classe dirigeante chrétienne : Certains leaders notamment exploitent leurs ministères, talents, onctions et renommées pour s'enrichir en faisant payer pour l'exercice des dons spirituels reçus gratuitement de Dieu. Sachez que l'enrichissement au dépend de l'Evangile constitue une manipulation et du vol déguisé !

D'autres aussi enseignent en encourageant subtilement la pratique du yoga (faire le vide dans l'esprit par exemple), la méditation transcendantale (ce qui est en réalité le voyage astral) et la concentration abdominale pour éprouver les douleurs de l'enfantement. L'ensemble de ces pratiques permettrait de trouver apparemment des solutions aux divers problèmes. C'est grande séduction de l'ennemi.

Les Écritures nous appellent à la vigilance car les pratiques occultes s'introduisent subtilement au milieu des chrétiens. La divination et le mysticisme remplacent davantage les dons de révélation pour attirer et épater des foules. Le Seigneur Dieu interdit et condamne sévèrement le spiritisme qui une abomination à ses yeux (Deutéronome 18:9-11).

Sachez que la notoriété d'un homme de Dieu, sa réussite voire ses expériences dans le ministère ne doivent nullement contredire la Parole de Dieu. Cette dernière invite les croyants à imiter davantage les juifs de Bérée, qui examinaient chaque jour les Écritures afin de juger de la véracité des enseignements de Paul (Actes 17:10-11).

Du reste, tous les faux serviteurs sous l'emprise de l'esprit de Jézabel et nourrissent les chrétiens de viandes sacrifiées aux idoles (image des doctrines des démons). Les enseignements de Jézabel sont également appelés les «profondeurs de Satan», d'après Apocalypse 2:24. Il nous faut être vigilant pour ne pas se laisser séduire spirituellement.

À l'instar de Daniel, refusons avec force et courage tous les faux enseignements qui polluent la chrétienté aujourd'hui et attachons-nous fortement à la saine doctrine et veillons-y avec persévérance car les temps sont très difficiles !

Suivons l'ordre du Seigneur adressé à son peuple, celui de se garder de toute souillure et de toute impureté : *«Que celui qui est injuste, soit encore injuste ; que celui qui est souillé, se souille encore ; que celui qui est juste, devienne plus juste encore ; et que celui qui est saint, se sanctifie encore davantage»* (Apocalypse 22:11).

Voici quelques-unes des pratiques qui salissent les églises de nos jours :

- La vente de l'eau «bénie» provenant de Lourdes ou du fleuve du Jourdain en Israël. Certains s'en servent comme boisson pour guérir, d'autres en font l'aspersion pour bénir les maisons et d'autres encore la répandent dans les maisons hantées pour chasser les démons. Les occultistes répandent fréquemment l'eau sur les objets lors de leurs rituels et font des incantations.

- L'utilisation du sel pour assainir les lieux et lutter contre les esprits impurs.

- La vente des objets d'art représentant la divinité (Par exemple : la colombe assimilé au Saint-Esprit) se répand davantage au milieu des enfants de Dieu (Actes 17:29).

- Le fait d'enterrer de papiers contenant des versets bibliques dans les places publiques ou les carrefours pour favoriser la conversion de la ville.

- Les prières devant les monuments historiques (forteresses) voire dans les cimetières pour déclencher le réveil spirituel des territoires (Zacharie 4:6 ; Aggée 1:14).

- Désirer la mort de ses détracteurs : invoquer le feu pour consumer et tuer tous ses ennemis alors que le Seigneur l'a formellement défendu à ses disciples (Luc 9:51-56) leur demandant de les bénir.

- Les prières qui consistent à «secouer le trône ou le bras de Dieu» pour obtenir certaines bénédictions.

- Répandre ou boire de l'huile d'olive, souvent en provenance d'Israël, pour recevoir l'onction de Dieu, la guérison, la délivrance, etc.

CHAPITRE 3
L'INFLUENCE DE L'ESPRIT DE JÉZABEL DANS L'ÉGLISE

L'esprit de Jézabel s'introduit dans les églises par divers procédés :

- Par la tolérance du péché et par le mélange de la vérité et des fausses doctrines. En effet, une demi-vérité est un mensonge entier, car là où il n'y a plus de vérité, le mensonge et son père règnent.

« Vous avez pour père le diable, et vous voulez accomplir les désirs de votre père. Il a été meurtrier dès le commencement, et il ne se tient pas dans la vérité, parce qu'il n'y a pas de vérité en lui. Lorsqu'il profère le mensonge, il parle de son propre fonds; car il est menteur et le père du mensonge. » (Jean 8:44).

- Par les habitudes, c'est-à-dire les coutumes et les traditions des hommes (Jérémie 2:13, 10:1-3 ; Matthieu 15:1-6).

- Par les alliances contractées avec les systèmes religieux (notamment les fédérations œcuméniques) en vue de couvrir et/ou de justifier le péché (Esaïe 30:1-2 ; Esaïe 31:1-3).

LES ŒUVRES DE L'ESPRIT DE JÉZABEL DANS LES ÉGLISES

Cette liste constitue quelques constats et témoignages qui dévoilent ses activités dévastatrices au sein de l'église locale :

- L'esprit de Jézabel cherche à usurper et à prendre la place de l'autorité des leaders établie par Dieu dans le but de contrôler et d'éloigner le peuple de la vision de Dieu (Proverbes 28:19).

- L'esprit de Jézabel cherche à introduire subtilement l'idolâtrie dans l'église de Dieu. Tout comme avec le peuple d'Israël du temps de Moïse (Exode 32), l'adoration du Dieu invisible a été remplacée par des représentations d'images taillées et par des statues photos (Romains 1:23). Certains encore essaient de matérialiser les réalités spirituelles.

- L'esprit de Jézabel œuvre de même au travers de la musique mondaine corrompue, jouée dans quelques églises d'aujourd'hui qui répondent aux désirs de l'âme (c'est-à-dire la chair) et la stimulent.

  Ces styles de musique sont des copies conformes de ce qu'on retrouve dans le monde qui glorifient Satan et ne donnent pas gloire à Dieu. D'autres musiques rythmées servent même à entrer en transe et à invoquer les démons.

- L'esprit de Jézabel introduit dans les églises l'occultisme, la peur, la haine, la violence, le divorce au sein des couples, la dislocation de la famille, les rivalités, les querelles, etc. en vue d'asseoir le règne de Satan.

Cet esprit emmène la mort spirituelle et une atmosphère diabolique au sein des assemblées. Nous pouvons par ailleurs constater le comportement dépravé de certains leaders spirituels et chrétiens qui adoptent des comportements mondains totalement contraire à la Parole tels que le port de piercings et de tatouages :

«Vous ne ferez point d'incisions dans votre chair pour un mort, et vous n'imprimerez point de figures sur vous. Je suis l'Eternel» (Lévitique 19:28).

- L'esprit de Jézabel pousse essentiellement les leaders au péché (l'amour de l'argent, du sexe, l'orgueil et le pouvoir). Une fois qu'ils sont totalement atteints par la souillure du péché, cet esprit peut alors facilement agir au sein des églises.

- L'esprit de Jézabel vise à contrôler les leaders oints pour qu'ils ne poursuivent que des objectifs personnels (profits) et de sorte qu'ils ne dispensent plus droitement la Parole de Dieu.

Ainsi, leurs messages sont centrés uniquement sur les choses terrestres (l'argent, le matériel, le bien-être etc.) et sur eux-mêmes plutôt que sur la personne de Jésus-Christ et la saine doctrine (les choses qui contribuent à l'édification du corps du Christ).

- L'esprit de Jézabel favorise la prolifération de la doctrine des Nicolaïtes qui consiste à contrôler et à dominer le peuple de Dieu.

Ainsi, les Nicolaïtes (mot qui signifie dominateur du peuple) dans les assemblées chrétiennes représentent les leaders qui manipulent et contrôlent les enfants de Dieu sans les associer à l'exercice de l'œuvre du ministère.

Ils étendent leur influence à la vie privée, intime, familiale ou professionnelle des membres et les dirigent parfois dans leurs prises de décisions. Pour arriver à leurs fins, les Nicolaïtes procèdent essentiellement par l'intimidation et la menace des représailles (1 Rois 19:2).

Pourtant, les leaders ne doivent pas manipuler ni contrôler ni dominer les âmes qu'ils conduisent. Ils doivent plutôt pratiquer l'amour, la douceur et être des modèles (1 Pierre 5:2-3).

L'usage de la peur et de l'intimidation place les chrétiens qui en sont victimes sous un joug particulièrement dévastateur. Ainsi ces derniers, par contrainte de perdre leur place ou leur fonction au sein des églises cèdent aux péchés.

Le pupitre de l'église (appelée encore «la chaire») est habituellement le lieu public de règlement de comptes et de réprimandes. Certains leaders font peser sur les personnes qu'ils entendent opprimer un sentiment de culpabilité.

Les accusations, les condamnations, les interdictions, les menaces de malédiction et de mort, voire même l'excommunication restent des armes de prédilection de leur autoritarisme.

J'ai eu, par exemple, à rencontrer certains chrétiens qui ont été maudits par leurs pasteurs parce qu'ils avaient décidé simplement de quitter l'assemblée locale pour en intégrer une autre.

-   L'esprit de Jézabel transforme la nature divine des chrétiens au sein de l'église locale. Ils deviennent de ce fait égoïstes, imbues d'eux-mêmes, enflés d'orgueil, suffisants et intraitables.

Tous ceux que Jézabel possède deviennent avides d'influence, de poste de commandement, de pouvoir, d'argent ou de domination. Ils n'hésitent pas à utiliser la séduction et le mensonge pour faire éliminer ceux qui leur résistent.

Ainsi, dans certains pays, Jézabel œuvre avec les autorités civiles et/ou militaires en place pour faire écrouer voire assassiner discrètement les leaders engagés dans la prédication de l'évangile de Dieu, les accusant même parfois d'être une menace pour l'Etat : *«Et je vis cette femme ivre du sang des saints et du sang des témoins de Jésus... »* (Apocalypse 17:6).

Ce passage montre clairement de quelle manière Jézabel s'enivre du sang des enfants de Dieu.

D'autre part, l'esprit de Jézabel œuvre pour établir une liturgie sclérosée dans l'église locale, ce qui étouffe la liberté des chrétiens et les empêche d'obéir aux orientations du Saint-Esprit.

Il faut savoir que Dieu n'est jamais dans la routine, les habitudes ou la logique statique des hommes rationnels mais plutôt Il désire se mouvoir comme le vent (Jean 3:8). C'est à nous au contraire, d'être constamment attentif à la voix du Saint-Esprit pour connaître ses directives.

- L'esprit de Jézabel essaie par tous les moyens de réduire les chrétiens zélés à une forme de routine afin qu'ils stagnent et finissent par abandonner la marche selon l'Esprit.

En effet, la religion avec son lot de méthodes et de rites apparaît comme une boîte qui empêche les enfants de Dieu de bouger avec Dieu.

Ainsi, certains laissent leurs erreurs du passé les condamner et d'autres encore se focalisent sur leurs exploits présents au lieu de continuer à marcher vers la destinée.

- L'esprit de Jézabel hait farouchement «l'effusion de l'Esprit prophétique» dans l'église locale de peur que ses œuvres soient dévoilées.

Il est primordial pour Jézabel d'étouffer la voix prophétique pour accomplir ses desseins pernicieux parmi le peuple de Dieu, c'est pourquoi les prophètes sont la principale cible de son acharnement.

L'un des stratagèmes de Jézabel est de simuler la «présence de Dieu». Dans certaines assemblées, par exemple, on peut distinguer les faits suivants lors des rassemblements: la création d'une atmosphère spirituelle par des cris, des pleurs, des tremblements, des danses sensuelles.

J'ai vu aussi certains chrétiens être désespérément en quête d'apparition de la manne dans leurs Bibles, des paillettes d'or ou de l'huile dans leurs mains ou encore la formation de dents en or. Ils croient alors être environnés de la présence de Dieu momentanément mais ils ressortent généralement vides de ces réunions de prière.

- L'esprit de Jézabel est à la base de la sorcellerie, de la jalousie, des rivalités, de l'autoritarisme et de la confusion dans les églises.

Il favorise pareillement des problèmes liés au leadership qui se soldent souvent par des conflits acharnés, des séparations au milieu des chrétiens et des divisions au sein des églises. Jézabel cause des dégâts considérables !

CHAPITRE 4
JÉZABEL FOULÉE AUX PIEDS

«Écris aussi à l'ange de l'Église de Thyatire : Voici ce que dit le Fils de Dieu, qui a les yeux comme une flamme de feu, et les pieds semblables à un cuivre très fin» (Apocalypse 2 :18).

Le Seigneur se révèle à cette église comme le Prophète (yeux comme une flamme de feu) et Dominateur et Juge (pieds d'airain), à cause de la doctrine de Jézabel que certains appelaient les profondeurs de Satan (Apocalypse 2 :24).

Il fallait des yeux en flamme de feu pour voir les profondeurs de cette doctrine, seuls ces yeux peuvent pénétrer les cœurs de ces chrétiens remplis de faussetés et de péché.

Donc les yeux du Seigneur dans cette église avaient pour but de voir les profondeurs de Satan. C'est ces mêmes yeux qui avaient vu Nathanaël sous un figuier (Jean 1 :48).

Ces pieds, image de la domination et du jugement, devaient fouler la doctrine de Jézabel comme Jéhu l'avait fait dans 2 Rois 9 :30-33.

«Mais ce que j'ai contre toi, c'est que tu laisses la femme Jézabel, qui se dit prophétesse, enseigner et séduire mes serviteurs, pour qu'ils se livrent à la

débauche et qu'ils mangent des viandes sacrifiées aux idoles» (Apocalypse 2: 20).

Dans cette lettre, le nom de Jézabel est très significatif. Nous discernerons d'autant mieux l'imposture qu'elle infligeait à l'église de Thyatire si nous nous référons aux récits de l'Ancien Testament concernant cette femme et le rôle néfaste qu'elle a joué en Israël.

Achab, roi d'Israël, avait mis le comble à ses péchés en prenant pour femme Jézabel, fille d'Ethbaal, roi des Sidoniens. Celle-ci entraîna Israël dans une monstrueuse idolâtrie (1 Rois 17, 18 et 19).

Sous le règne d'Achab, 400 prophètes d'Astarté mangeaient à la table de Jézabel. Achab avait un caractère lâche et mou, alors que Jézabel était de nature autoritaire ; elle faisait ce qu'elle voulait, agissait à sa guise, sachant que son mari ne lui résisterait pas. Sa méchanceté était telle qu'elle n'hésita pas à employer le sceau royal pour ordonner le meurtre d'un innocent.

Au Mont Carmel, Élie affronta seul le peuple d'Israël et les 450 prophètes de Baal ; mais ensuite, à la première menace de Jézabel, il s'enfuit, car cette femme le terrifiait.

Certains exégètes pensent qu'une croyante influente, peut-être la femme du responsable de l'église de Thyatire, aurait exercé une activité despotique sur les fidèles. Elle se serait érigée en prophétesse pour les enseigner et les séduire, tout en vivant dans la débauche.

Par son enseignement, cette Jézabel aurait ouvert la voie à de fausses prophétesses qui allaient enseigner et provoquer de graves scissions en son sein.

En dénonçant la Jézabel de Thyatire et son imposture, le Seigneur voyait au-delà des circonstances locales de cette église. Comme la Jézabel de Thyatire qui se disait prophétesse, une autre Jézabel s'érige aujourd'hui comme autorité infaillible.

PARTIE 2 : LA PROSTITUTION SPIRITUELLE

La Bible renferme plusieurs mystères qui sont révélés par le Saint-Esprit à ceux qui sont disciples de Christ alors qu'ils sont cachés aux incrédules (Matthieu 13:10-11).

Parmi ces mystères, nous pouvons citer : le mystère de la foi, le mystère de l'Evangile, le mystère de la piété, le mystère de Christ, le mystère de la volonté de Dieu, le mystère de l'Eglise, le mystère de l'iniquité qui agit déjà et qui est aussi appelé le mystère de Babylone ou encore la grande prostituée, etc.

Apocalypse 17 nous révèle le mystère de Babylone ou de la grande prostituée qui est un mystère aussi dangereux que celui de la prostituée qui attire ses victimes chez elle et les entraîne dans le séjour des morts.

Salomon dans Proverbes 9 nous avertit du caractère dangereux de cette prostituée : *«La folie est une femme bruyante, stupide et ne sachant rien. Elle s'assied à l'entrée de sa maison, sur un siège, dans les hauteurs de la ville, pour crier aux passants, qui vont droit leur chemin: que celui qui est stupide entre ici ! Elle dit à celui qui est dépourvu de sens : les eaux dérobées sont douces, et le pain du mystère est agréable ! Et il ne sait pas que là sont les morts, et que ses invités sont dans les vallées du séjour des morts»* (Proverbes 9:13-18).

CHAPITRE 5
JÉZABEL: UN ESPRIT RELIGIEUX

L'esprit de Jézabel peut se manifester sous la forme d'un système religieux. La religion est l'une des pires inventions de l'homme créée pour priver les enfants de Dieu de leur liberté. Le mot «religion» vient du latin «religio» qui a deux étymologies :

- Le verbe «religare» qui veut dire «relier». La religion sert à rassembler les êtres humains.

- Le verbe latin «relegere» qui veut dire «redire».

À partir de ces deux verbes, il devient facile de conclure que la religion est le résultat d'un ensemble de traditions, de coutumes, de généalogies, de fables, de mythes, de récits, de lois des hommes etc. qui transcendent des générations depuis la création du monde.

*«Vous avez su, en effet, quelle était autrefois ma conduite dans le judaïsme, comment je persécutais à outrance et ravageais l'Eglise de Dieu, et comment j'étais plus avancé dans le judaïsme que beaucoup de ceux de mon âge et de ma nation, **étant animé d'un zèle excessif pour les traditions de mes pères»*** (Galates 1:13-15).

Avant sa conversion, Paul était un juif et pharisien le plus zélé pour les traditions de ses pères que pour le Seigneur Dieu. De même aujourd'hui, certains chrétiens sont plus zélés pour les traditions des hommes (les dogmes) que pour la Parole de Dieu et le nom de Jésus.

Les religieux sont extrêmement attachés à des choses de néant qui ne produisent pas la vie tout comme la plupart des pharisiens de l'époque de Jésus.

La religion constitue la menace la plus sérieuse pour l'avenir du monde puisqu'elle trouve sa force dans les recoins personnels de l'âme humaine. C'est, en effet, dans l'âme que se trouve la source de la motivation privée qui forme les perceptions et le comportement.

L'homme est plus enclin à mourir pour le compte de sa religion que pour n'importe quelle autre raison, qu'elle soit politique, sociale ou idéologique.

Il faut savoir que la religion est aussi vieille que l'humanité, et qu'elle trouve ses racines dans les profondeurs de l'esprit humain.[1]

La religion reste un moyen efficace de contrôler les masses. Le contrôle est l'action de maîtriser et de diriger quelqu'un. C'est aussi l'absence totale de liberté. Jézabel empêche les personnes de s'approcher des victimes qu'elle contrôle de peur de les perdre.

---

[1] (Myles Munroe : Redécouvrir le Royaume).

Elle s'efforce en plus d'éloigner toute personne susceptible de la démasquer. Ainsi, un leader animé par l'esprit de Jézabel peut vous empêcher ouvertement ou subtilement d'écouter les autres ministères : notamment suivre leurs prédications, lire leurs livres voire les assister financièrement etc. Il s'efforcera de dénigrer les autres en vous incitant la peur afin de vous manipuler.

La croix Jésus-Christ demeure l'instrument de la véritable liberté pour tous ceux qui croient. Elle brise le pouvoir maléfique de la religion qui emprisonne les hommes.

Selon la Bible, la liberté est cette faculté d'agir selon la volonté de Dieu révélée dans sa Parole, en fonction des moyens que le Seigneur a mis à notre disposition, sans être entravée par le pouvoir des autres. Elle est également la capacité de se déterminer soi-même à des choix contingents selon 1 Corinthiens 7:23 et Galates 5:1.

Cependant, l'esprit de Jézabel tente de soumettre les hommes à sa cause et impose à ses victimes sa volonté en mettant sur elles des jougs pesants.

La religion vise l'instauration d'un système de contrôle des âmes alors que l'homme a été créé gouverner (ou encore régner) et non pour être dominé.

CHAPITRE 6
LE MYSTÈRE DE BABYLONE LA GRANDE : LA PROSTITUÉE

Nous vivons actuellement les temps les plus excitants de l'accomplissement des prophéties bibliques de la fin des temps.

Ces prophéties s'accomplissent de plus en plus sous nos yeux afin de nous inciter à racheter le temps et à nous préparer au festin des noces de l'Agneau. Bien avant ces noces, il y aura une grande confusion entre l'Eglise de Jésus Christ et la Religion.

La religion est désignée comme «la Grande Prostituée» dans Apocalypse 17 : *«Puis un des sept anges qui tenaient les sept coupes vint, et il m'adressa la parole, en disant : viens, je te montrerai le jugement de la grande prostituée qui est assise sur les grandes eaux. C'est avec elle que les rois de la terre se sont livrés à l'impudicité, et c'est du vin de son impudicité que les habitants de la terre se sont enivrés. Il me transporta en esprit dans un désert. Et je vis une femme assise sur une bête écarlate, pleine de noms de blasphème, ayant sept têtes et dix cornes. Cette femme était vêtue de pourpre et d'écarlate, et parée d'or, de pierres précieuses et de perles. Elle tenait dans sa main une coupe d'or, remplie d'abominations et des impuretés de sa prostitution. Sur son front était écrit un nom, un mystère : Babylone la grande, la mère des impudiques et des abominations de la terre».*

«Et il me dit : les eaux que tu as vues, sur lesquelles la prostituée est assise, ce sont des peuples, des foules, des nations, et des langues» (Apocalypse 17:15).

Le mot «prostituée» dans ce passage provient du grec «porneia» et signifie «impudique». Utilisé sous une forme allégorique, ce mot a une connotation spirituelle et nous renvoie à un usage conforme au langage des anciens prophètes (Jérémie 3:6, 8-9 ; Esaïe 1:21).

Ce mot se traduit également par «adultère» et confirme les écrits de Jacques : *«Adultères que vous êtes ! Ne savez-vous pas que l'amour du monde est inimitié contre Dieu ?»* (Jacques 4:4).

Une femme devient «adultère» lorsque étant mariée, elle fait commerce charnel avec d'autres hommes. Cette expression s'applique à ceux qui avaient déjà déclaré appartenir à Dieu, mais se sont laissés gagner par le monde.

La «grande prostituée» personnifie la Religion qui a commis l'adultère avec le monde en donnant naissance à la religiosité, à la mondanité et à l'œcuménisme.

La grande prostituée est assise sur les grandes eaux. L'expression «grandes eaux» vient du grec

«Thalassa» et représente des peuples, des foules, des nations et des langues, en d'autres termes le monde désorganisé.

La Religion domine sur des peuples et des nations qu'elle contrôlera davantage par la ruse. Elle exercera un règne universel et aura une influence particulièrement remarquable sur les rois, les dirigeants des nations et les chefs religieux à cause de la coupe d'or qu'elle tient dans sa main.

La coupe d'or est belle de l'extérieur mais elle est remplie de toutes sortes d'abominations et d'impuretés (Apocalypse 18:3). L'or représente la beauté et les richesses matérielles pour lesquelles les dirigeants de ce monde se tourneront vers l'adultère et l'idolâtrie.

La prostitution est une expression qui définit spirituellement le culte rendu à des dieux païens.

La prostituée ne représente pas ici une femme mais une entité spirituelle qui contrôle tous les religieux qui s'opposent à l'Epouse, l'Église de Jésus-Christ.

Tout commence dans la Genèse et s'achève dans l'Apocalypse. Il y a un lien étroit entre ces deux livres de la Bible. Dans le livre de la Genèse, Dieu dit au serpent qu'il mettra l'inimitié entre lui et la femme.

Le mot inimitié est issu de l'hébreu «eybah» et signifie «haine ou guerre». Il y a en effet une haine qui est à l'origine de l'inimitié entre le serpent (de qui est issue la prostituée) et la femme (de qui est issue l'épouse de l'Agneau) : *«Dieu dit : je mettrai* **inimitié** *entre toi et la femme et entre ta* **postérité** *et sa postérité»* (Genèse 3:15).

Le mot postérité vient de l'hébreu «zera» et signifie «semence ou descendance». La postérité du serpent symbolise l'Egypte et Babylone qui enfantera l'Antéchrist.

La postérité de la femme représente d'abord Abel, puis Israël de qui est issu Jésus le Messie (Galates 4:4-5 ; Apocalypse 12:1-3) et l'Eglise de Jésus-Christ.

L'inimitié entre l'Eglise de Jésus et la Religion existe depuis le commencement :

«Adam connut Ève, sa femme ; elle conçut, et enfanta Caïn, et elle dit : j'ai acquis un homme par l'Éternel. Elle enfanta encore son frère Abel. Abel fut berger, et Caïn fut laboureur. Au bout de quelque temps, Caïn fit à l'Éternel une offrande des fruits de la terre; et Abel, de son côté, en fit une des premiers-nés de son troupeau et de leur graisse. L'Éternel porta un regard favorable sur Abel et sur son offrande ; mais il ne porta pas un regard favorable sur Caïn et sur son offrande. Caïn fut très irrité, et son visage fut abattu. Et l'Éternel dit à Caïn : pourquoi es-tu irrité, et pourquoi ton visage est-il abattu ? Certainement, si tu agis bien, tu relèveras ton visage, et si tu agis mal, le péché se couche à la porte, et ses désirs se portent vers toi ; mais toi, domine sur lui. Cependant, Caïn adressa la parole à son frère Abel ; mais, comme ils étaient dans les

champs, Caïn se jeta sur son frère, et le tua» (Genèse 4:1-8).

Les offrandes faites par Caïn et Abel sont une forme de croyance, celle de Caïn qui donnera naissance à la prostituée et celle d'Abel qui engendrera l'Epouse.

Ces deux types de religion semblent proches mais elles sont en réalité opposées. Caïn et Abel étaient proches parce qu'ils habitaient ensemble et étaient frères dans la chair.

Toutefois le Seigneur approuva l'offrande d'Abel faite par la foi en opposition à celle de Caïn qui était une offrande charnelle et qui provenait du malin :

«C'est par la foi qu'Abel offrit à Dieu un sacrifice plus excellent que celui de Caïn ; c'est par elle qu'il fut déclaré juste, Dieu approuvant ses offrandes ; et c'est par elle qu'il parle encore, quoique mort» (Hébreux 11:4).

L'acte d'Abel a fait de lui une victime et un martyr. Celui de Caïn, rejeté par Dieu, a fait de lui le premier jaloux et meurtrier de la terre. Certaines personnes choisissent d'emprunter la voie d'Abel et contribuent à réaliser les prophéties bibliques ; quand à d'autres, elles préfèrent la voie de Caïn et travaillent à prendre la place de Dieu.

Après le meurtre d'Abel, Caïn délaissa la protection divine et s'en remit au travail de ses mains. Il construisit des remparts pour se mettre en sécurité et bâtit la première ville appelée Hénoch. Derrière les murailles de cette ville, loin de la face de Dieu, se cachaient la honte, la haine et la terreur de Caïn (Genèse 4:17).

Depuis Caïn, les hommes pécheurs ont toujours éprouvé le désir de s'assembler dans des cités toujours plus grandes. En effet, après le jugement du déluge, Nemrod (qui signifie «rebelle») descendant de Cham, le fils impur et maudit de Noé, a construit une ville et une tour avec pour ambition de toucher le ciel et défier Dieu (Genèse 11).

Cette ville et cette tour représentent respectivement la Babylone politique et la Babylone religieuse qui règnent en ces temps de la fin. Nemrod a réalisé cette ambition humaine pensant pouvoir se soustraire à la malédiction de Noé. Il s'est donc investi dans la conquête et la construction des villes.

Depuis Nemrod, ce mouvement de conquête et les ambitions démesurées des hommes n'ont cessé de s'accroître. À Babylone subsistait l'idée d'une grande concentration humaine dressée dans une révolte orgueilleuse contre Dieu.

Après l'enlèvement de l'Eglise, les œuvres de la prostituée (Babylone la Grande) apparaîtront au grand jour et son mystère sera pleinement révélé. Les prophéties bibliques qui concernent Babylone ont une portée spirituelle et se réalisent à des époques différentes parce qu'elles sont cycliques :

«Bel s'écroule, Nébo tombe ; On met leurs idoles sur des animaux, sur des bêtes ; vous les portiez, et les voilà chargées, devenues un fardeau pour l'animal fatigué ! Ils sont tombés, ils se sont écroulés

ensemble, ils ne peuvent sauver le fardeau, et ils s'en vont eux-mêmes en captivité» (Esaïe 46:1-2).

«Ces deux choses t'arriveront subitement, au même jour, la privation d'enfants et le veuvage ; elles fondront en plein sur toi, malgré la multitude de tes sortilèges, malgré le grand nombre de tes enchantements (...) Reste donc au milieu de tes enchantements et de la multitude de tes sortilèges, auxquels tu as consacré ton travail dès ta jeunesse ; peut-être pourras tu en tirer profit, peut-être deviendras tu redoutable. Tu t'es fatiguée à force de consulter : qu'ils se lèvent donc et qu'ils te sauvent, ceux qui connaissent le ciel, qui observent les astres, qui annoncent, d'après les nouvelles lunes, ce qui doit t'arriver !» (Esaïe 47:9, 12-13).

«A cause de cela, en un même jour, ses fléaux arriveront, la mort, le deuil et la famine, et elle sera consumée par le feu. Car il est puissant, le Seigneur Dieu qui l'a jugée. Et tous les rois de la terre, qui se sont livrés avec elle à la débauche et au luxe, pleureront et se lamenteront à cause d'elle, quand ils verront la fumée de son embrasement. Se tenant éloignés, dans la crainte de son tourment, ils diront : Malheur ! Malheur ! La grande ville, Babylone, la ville puissante ! En une seule heure est venu ton jugement !» (Apocalypse 18:8-10).

«La parole que l'Éternel prononça sur Babylone, sur le pays des chaldéens, par Jérémie, le prophète : annoncez-le parmi les nations, publiez-le, élevez une bannière ! Publiez-le, ne cachez rien ! Dites : Babylone est prise ! Bel est confondu, Mérodac est

brisé ! Ses idoles sont confondues, ses idoles sont brisées ! (...) La sécheresse contre ses eaux ! Qu'elles tarissent ! Car c'est un pays d'idoles ; ils sont fous de leurs idoles» (Jérémie 50:1-2, 38).

Bel et Mérodac étaient des noms qui désignaient Babylone et des centres d'adoration d'idoles. L'apôtre Jean reçut une vision prophétique concernant l'ampleur de Babylone, *«la grande ville qui a la royauté sur les rois de la terre»* (Apocalypse 17:18).

A l'époque de cette vision, il n'y avait qu'une seule ville susceptible de correspondre à cette description, la ville de «Rome». Et il ajoute dans Apocalypse 17:19 : *«C'est ici l'intelligence qui a de la sagesse. Les sept têtes sont les sept montagnes, sur lesquelles la femme est assise».*

Nous savons du reste que tous les écrivains, les historiens et les poètes romains ont souvent évoqué la construction de Rome sur les sept collines suivantes : **l'Aventin, le Caelius, le Capitole, l'Esquilin, le Palatin, le Quirinal et le Viminal.**

Or, le Capitole était le centre politico-religieux de Rome, en d'autres termes, le centre de l'idolâtrie et le siège de la grande prostituée.

Le système de Babylone œuvre depuis le commencement du monde et son œuvre ne cesse de s'accroître à travers les générations. Babylone est le fondement et la cause de «l'apostasie» de la fin des temps.

LE SYSTEME CATHOLIQUE ROMAIN

Selon Apocalypse 17, la femme assise sur la bête écarlate et sur les grandes eaux, qui était ivre du sang des saints représente la ville qui a la royauté sur les rois de la terre.

La ville dont il s'agit est Rome, plus précisément le Vatican. Les caractéristiques de la grande prostituée sont les mêmes que celles de l'Eglise romaine. Cette femme décrite est l'image d'un système religieux qui combat les enfants de Dieu.

Ce chapitre 17 d'Apocalypse nous offre différentes informations sur ce système :

• «La grande prostituée est assise sur la bête» : le système catholique romain et œcuménique a été soutenu dans le passé par la Rome impériale et bénéficie actuellement de l'appui du quatrième empire.

Le verbe «s'asseoir» vient du grec «kathemai» et signifie avoir une demeure fixe ou occuper une place. Contrairement à l'Eglise de Jésus qui est assise avec Christ dans les lieux célestes, la fausse est terrestre, diabolique et matérialiste. La position assise de cette femme sur la bête démontre qu'elle domine sur le quatrième empire.

Historiquement, cette religion a dominé beaucoup d'empires tels l'empire babylonien, l'empire égyptien, l'empire romain, etc. Sous Constantin, le christianisme a été identifié et honoré par l'Etat, ce qui a favorisé la confusion entre l'Église et le monde.

La foi chrétienne ne provenait plus d'une décision personnelle mais elle était imposée et protégée par l'Empereur. Les hommes se convertissaient ainsi au christianisme non par conviction mais par obligation. Ces conversions de façade ont conduit à la paganisation du christianisme qui a embrassé les pratiques gréco-romaines mêlées aux diverses idées païennes.

Le philosophe et écrivain américain William James Durant a démontré le paganisme naturel du christianisme par le monde : «Tandis que le christianisme convertissait le monde ; le monde convertissait le christianisme».

• *«La grande prostituée est vêtue de pourpre, d'écarlate, et parée d'or, de pierres précieuses et de perles»* : ce système met l'accent sur les apparences et tout ce qui est fastueux. Il s'oppose radicalement à l'Epouse de l'Agneau qui est *la femme revêtue d'un fin lin, éclatant et pur»* (Apocalypse 19:8-9).

L'Écriture enseigne que la vraie parure est celle qui est cachée dans le cœur c'est-à-dire «le fin lin, éclatant et pur» qui représente les «bonnes œuvres». L'Église de Jésus, l'épouse de l'Agneau doit se parer des œuvres justes avant les noces :

«Je veux aussi que les femmes, vêtues d'une manière décente, avec pudeur et modestie, ne se parent ni de tresses, ni d'or, ni de perles, ni d'habits somptueux, mais qu'elles se parent de bonnes œuvres, comme il convient à des femmes qui font profession de servir

Dieu» (1 Timothée 2:9-10).

«Ayez, non cette parure extérieure qui consiste dans les cheveux tressés, les ornements d'or, ou les habits qu'on revêt, mais la parure intérieure et cachée dans le cœur, la pureté incorruptible d'un esprit doux et paisible, qui est d'un grand prix devant Dieu» (1 Pierre 3:3-4).

L'Eglise romaine est aussi comparée à celle de Laodicée qui était riche matériellement mais pauvre spirituellement :

«Je connais tes œuvres. Je sais que tu n'es ni froid ni bouillant. Puisses-tu être froid ou bouillant ! Ainsi, parce que tu es tiède, et que tu n'es ni froid ni bouillant, je te vomirai de ma bouche. Parce que tu dis : je suis riche, je me suis enrichi, et je n'ai besoin de rien, et parce que tu ne sais pas que tu es malheureux, misérable, pauvre, aveugle et nu» (Apocalypse 3:15-17).

Le système catholique a davantage mis l'accent sur le matériel et prône la richesse terrestre au détriment de la croix qui est le fondement de l'évangile qui mène au salut.

• *«La grande prostituée tenait une coupe remplie des impuretés de sa prostitution»* : Lorsqu'on examine de près, on remarque qu'il y a un contraste entre la beauté extérieure de la coupe d'or (ce qui frappe l'œil ou encore «les apparences») et celle de l'intérieur de la coupe (soit «le cœur») remplie d'impuretés qui désignent toutes sortes de péchés. Le Seigneur Jésus dénonçait aussi ce même contraste chez les pharisiens qui avaient une belle apparence extérieure et de nombreux abîmes dans le cœur.

«Malheur à vous, scribes et pharisiens hypocrites ! Parce que vous nettoyez le dehors de la coupe et du plat, et qu'au dedans ils sont pleins de rapine et d'intempérance. Pharisien aveugle ! Nettoie premièrement l'intérieur de la coupe et du plat, afin que l'extérieur aussi devienne net. Malheur à vous, scribes et pharisiens hypocrites ! Parce que vous ressemblez à des sépulcres blanchis, qui paraissent beaux au dehors, et qui, au dedans, sont pleins d'ossements de morts et de toute espèce d'impuretés. Vous de même, au dehors, vous paraissez justes aux hommes, mais, au dedans, vous êtes pleins d'hypocrisie et d'iniquité» (Matthieu 23:25-28).

La prostitution de Babylone est spirituelle et représente l'idolâtrie avec entre autre le culte des images (anges, hommes, quadrupèdes, oiseaux, reptiles, etc.). *«Ils ont changé la gloire du Dieu incorruptible en images représentant l'homme corruptible, des oiseaux, des quadrupèdes, et des reptiles»* (Romains 1:23).

De même que «la grande prostituée était ivre du sang des saints», ce système impie se livrera à une grande persécution contre les témoins de Jésus au point d'être ivre de leur sang.

C'est est un puissant instrument que le Dragon et l'Antichrist utiliseront dans le but de combattre tous ceux qui refuseront de vivre et marcher dans la compromission.

Le Seigneur Jésus encourage donc les siens à la persévérance au milieu des épreuves : *«Vous aurez des tribulations dans le monde ; mais prenez courage, j'ai vaincu le monde»* (Jean 16:33).

• *«La grande prostituée est la mère des prostituées de la terre»* : Le mot «mère» est issu du grec «meter» et signifie littéralement «source». Les activités de la grande prostituée remontent à la Babylone antique. Elle est à l'origine de toutes les religions à mystères.

La grande prostituée désigne cette femme infidèle qui prétend appartenir à Dieu, mais commet d'innombrables abominations à son égard en se livrant au culte d'un système religieux erroné : *«Ne savez-vous pas que celui qui s'unit à la prostituée, est un même corps avec elle ? Car il est dit : les deux deviendront une seule chair»* (1 Corinthiens 6:16).

Notons ici que cette prostitution est essentiellement spirituelle.

Etant mère, la grande prostituée a plusieurs enfants qui représentent aussi la plupart des religions telles que l'islam, les Bouddhistes, les Témoins de Jehova, la Scientologie, etc.

Ce gigantesque système, en accord avec le pouvoir politique, domine tout le système économique et financier mondial, détruit l'équilibre social et brouille le discernement des hommes.

La «Babylone» de la fin de temps sera incontestablement la plus puissante de tous les temps. L'antéchrist aura parfaitement accompli ce que ses prédécesseurs ont entamé c'est-à-dire l'union entre l'Eglise et l'Etat.

Les pouvoirs politiques et religieux (Babylone politique et Babylone religieuse) seront à cette époque intimement liés, comme la prostituée l'est avec la bête.

Cette Babylone religieuse dont les caractéristiques sont le péché, les fausses doctrines, l'idolâtrie et l'œcuménisme persécute les vrais chrétiens comme le firent les pharisiens avec les premiers chrétiens.

CHAPITRE 7
LA SYNAGOGUE DE SATAN

La synagogue de Satan est une autre appellation de ce vaste système religieux qui renferme tous les alliés. Elle met en place des organisations fondées sur les traditions purement humaines dans le but de contrôler les chrétiens fidèles à la Parole de Dieu.

Elle attaque violemment les enfants de Dieu. Il y a à sa tête «le faux prophète» dont la voie est préparée par tous les faux prophètes.

La synagogue de Satan avait emprisonné et tué des chrétiens dans les églises de Smyrne et Philadelphie: *«Ecris à l'ange de l'Eglise de Smyrne : voici ce que dit le premier et le dernier, celui qui était mort, et qui est revenu à la vie : je connais ta tribulation et ta pauvreté bien que tu sois riche, et les calomnies de la part de ceux qui se disent Juifs et ne le sont pas, mais qui sont une synagogue de Satan. Ne crains pas ce que tu vas souffrir. Voici, le diable jettera quelques-uns de vous en prison, afin que vous soyez éprouvés, et vous aurez une tribulation de dix jours. Sois fidèle jusqu'à la mort, et je te donnerai la couronne de vie»* (Apocalypse 2:8-10).

«Ecris à l'ange de l'Eglise de Philadelphie : voici ce que dit le Saint, le Véritable, celui qui a la clef de David, celui qui ouvre, et personne ne fermera, celui qui ferme, et personne n'ouvrira : je connais tes

œuvres. Voici, parce que tu as peu de puissance, et que tu as gardé ma parole, et que tu n'as pas renié mon nom, j'ai mis devant toi une porte ouverte, que personne ne peut fermer. Voici, je te donne de ceux de la synagogue de Satan, qui se disent Juifs et ne le sont pas, mais qui mentent ; voici, je les ferai venir, se prosterner à tes pieds, et connaître que je t'ai aimé» (Apocalypse 3:7-9).

Le mot «synagogue» est issu du grec «sunagoge» et signifie littéralement «diriger, amener ou rassembler». Elle se réfère à un lieu où les juifs se réunissaient pour adorer Dieu et étudier les Ecritures. Les synagogues datent de la captivité babylonienne. En effet, à cette époque les juifs qui désiraient se rassembler pour étudier les Saintes Ecritures se mirent à bâtir des synagogues.

La «synagogue de Satan» est donc une assemblée composée de personnes religieuses qui se disent être juifs alors qu'elles ne le sont pas. Dans ce contexte, l'utilisation du terme «juifs» a une connotation spirituelle :

«Le Juif, ce n'est pas celui qui en a les dehors ; et la circoncision, ce n'est pas celle qui est visible dans la chair. Mais le Juif, c'est celui qui l'est intérieurement ; et la circoncision, c'est celle du cœur, selon l'esprit et non selon la lettre. La louange de ce Juif ne vient pas des hommes, mais de Dieu» (Romains 2:28-29).

«Vous tous, qui avez été baptisés en Christ, vous avez revêtu Christ. Il n'y a plus ni Juif ni Grec, il n'y

a plus ni esclave ni libre, il n'y a plus ni homme ni femme ; car tous vous êtes un en Jésus- Christ. Et si vous êtes à Christ, vous êtes donc la postérité d'Abraham, héritiers selon la promesse» (Galates 3:27-29).

Ceux qui font partie de «la synagogue de Satan» ou du système religieux se réclament être «spirituels». Ils se font passer pour de vrais chrétiens, serviteurs de Dieu ou encore chantres de l'Eternel. Pourtant, ils sont en réalité au service de l'ennemi Satan.

L'Eglise primitive n'a cessé d'être persécutée par les sacrificateurs, les scribes et les pharisiens, tous ces religieux, méchants serviteurs de l'ennemi de concert avec le pouvoir politique. De même l'homme impie, dans sa vision de soumettre les nations à sa volonté, utilisera le système religieux sophistiqué pour asseoir sa domination mondiale.

Permettez-moi de souligner quelques caractéristiques des religieux de l'époque de Jésus citées dans Matthieu 23, Marc 7 et Luc 11. Les pharisiens, les scribes et les principaux sacrificateurs :

- aiment les positions élevées;

- prêchent et ne vivent pas leur prédication ;

- imposent de lourds fardeaux au peuple ;

- aiment être glorifiés par les hommes ;

- aiment les premiers sièges ;

- aiment les titres tels que «Rabbi»;

- enlèvent la clé de la science aux fidèles, tout

en cachant la vérité au peuple ;

- dépouillent financièrement les pauvres du peuple ;

- font des adeptes ;

- mettent l'accent sur le gain financier plutôt que sur l'amour, la miséricorde et la crainte de Dieu ;

- aiment les tenues spéciales pour se différencier des autres ;

- traitent scrupuleusement leurs apparences plutôt que leurs cœurs, ils sont des tombeaux blanchis ;

- annulent la Parole de Dieu au profit de leurs traditions;

- sont des aveugles spirituels ;
- sont jaloux, envieux et avares ;
- s'opposent toujours au Saint-Esprit, étant des hommes au cou raide, incirconcis de cœur et d'oreilles (Actes 7:51-53) et sont hypocrites (Luc 12:1).

Les prophètes Jean-Baptiste et Jésus les ont qualifiés de «race de vipères» et de «postérité du serpent». Rappelons-nous que ce sont les religieux juifs alliés aux romains qui ont mis à mort Jésus-Christ.

Ainsi, le grand ennemi des saints, apôtres et prophètes de Dieu, reste le système religieux :

«C'est pourquoi la sagesse de Dieu a dit : Je leur enverrai des prophètes et des apôtres ; ils tueront les

uns et persécuteront les autres, afin qu'ils soit demandé compte à cette génération du sang de tous les prophètes qui a été répandu depuis la création du monde, depuis le sang d'Abel jusqu'au sang de Zacharie, tué entre l'autel et le temple ; oui, je vous le dis, il en sera demandé compte à cette génération» (Luc 11:49-51).

«Et il lui fut donné de faire la guerre aux saints, et de les vaincre. Et il lui fut donné autorité sur toute tribu, tout peuple, toute langue, et toute nation» (Apocalypse 13:7).

«Et l'on a trouvé chez elle le sang des prophètes, des saints, et de tous ceux qui ont été égorgés sur la terre» (Apocalypse 18:24).

*«Venez, complotons contre Jérémie ! Car la loi ne périra pas faute de sacrificateurs, ni le conseil faute de sages, ni la parole faute de prophètes. **Venez, tuons le avec la langue** ; ne prenons pas garde à tous ses discours !»* (Jérémie 18:18).

Ainsi en est-il du système religieux qui s'attelle à tuer les saints au moyen de la langue et des «paroles envenimées» qu'elle profère.

La plupart des meurtres des saints tirent leur origine du système religieux babylonien. Caïn s'est laissé séduire par l'esprit de ce système, qui l'a conduit à tuer son propre frère Abel.

Ces meurtres sont en train de s'accentuer en cette fin des temps. En effet, une grande persécution contre les chrétiens fidèles à Dieu et à sa Parole a commencé dans le monde entier.

Cette persécution est l'œuvre des deux systèmes babyloniens qui ont toujours combattu les enfants de Dieu fidèles, à savoir : les empereurs romains qui sont en train d'être réactivés aujourd'hui (la Babylone politique) et la papauté ou le Vatican (la Babylone religieuse).

On peut bien voir que depuis quelques années, le quatrième empire est en train d'être reconstruit sous nos yeux avec le gouvernement mondial. Ce dernier, associé au gigantesque système religieux persécutera à outrance les chrétiens fidèles.

Aussi, la plupart des vérités bibliques seront davantage tournées en dérision. Nous assisterons tristement, dans les derniers jours, à la mise en place de lois iniques qui contraindront les chrétiens sincères à se cacher pour servir fidèlement Dieu.

BIBLIOGRAPHIE

- Comment éviter la séduction spirituelle des derniers temps, de Samuel et Dorothée Hatzakortzian

- L'Apocalypse verset par verset, de J.H. Alexander

Autres sources :

- Nouveau dictionnaire biblique, révisé et augmenté, aux Editions Emmaüs

- Le Petit Larousse illustré, le dictionnaire de référence pour toute la famille, 2007

- Wikipédia, encyclopédie libre - Bible Online Premium, 2006.

OUVRAGES DU MÊME AUTEUR

1. La Puissance de la croix de Jésus.

2. L'esprit et la puissance d'Élie.

3. La Séduction dans les églises

4. Femme, Dieu t'appelle (Tome 1)

5. Femme, Dieu t'appelle (Tome 2)

6. Le Mystère de Jésus-Christ.

7. Les liens spirituels.

8. La Séduction spirituelle (Tome 1)

Pour soutenir la publication des livres, vous pouvez adresser vos dons à :

CEP-PUBLICATION

Société Générale (RIB)

IBAN : FR76 3000 3037 8300 0372 7215 637

BIC : SOGEFRPP

Contact

CEP-RESURRECTION- Association loi 1905
Siret : 802 552 257 00015

Adresse : 22, Rue Honoré Oursel 94290
Villeneuve- le-Roi (France)

Tél *: (+ 33) 1 71 36 52 72*
*   (+ 33) 6 08 05 82 07*

Site web*: www.cep-resurrection.org*

E-mail *: douglaskiongeka@cep-resurrection.org*

Facebook *: Douglas Kiongeka*